Gramática en diálogo

María de los Ángeles Palomino

PRESENTACIÓN

Esta obra tiene como objetivo presentar, de forma práctica y motivadora, las nociones gramaticales básicas del español, integrándolas en contextos reales de la comunicación en los cuatro ámbitos que recomienda el Marco común europeo de referencia, el personal, social, profesional y académico.

Además de en la clase, se puede utilizar para reforzar el aprendizaje autónomo, ya que se incluyen las soluciones de las actividades de evaluación. Además, los diálogos que dan entrada a las unidades se encuentran en el CD de audio que acompaña al libro.

La gramática en diálogo se articula de la siguiente forma:

- Se presentan las nociones gramaticales en contextos reales, integrados en la comunicación habitual. Cada unidad se divide en cuatro páginas.
- En la primera se presenta el tema gramática en contexto mediante un diálogo y un estímulo visual.
- En la segunda se encuentra la explicación y en las dos últimas se proponen variados ejercicios para poner en práctica los conocimientos adquiridos.
- Para reforzar el aprendizaje, se presentan actividades de evaluación. Incluye al final del libro un solucionario.

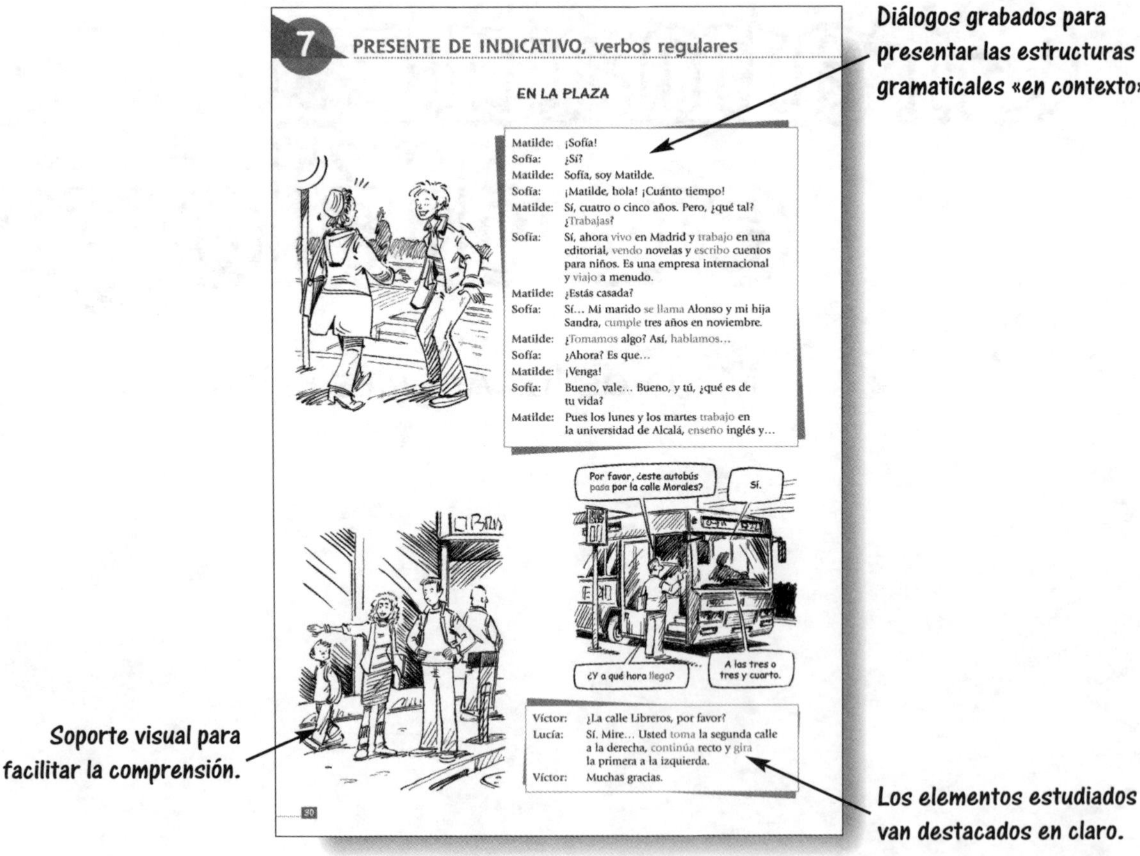

7 PRESENTE DE INDICATIVO, verbos regulares

EN LA PLAZA

Matilde: ¡Sofía!
Sofía: ¿Sí?
Matilde: Sofía, soy Matilde.
Sofía: ¡Matilde, hola! ¡Cuánto tiempo!
Matilde: Sí, cuatro o cinco años. Pero, ¿qué tal? ¿Trabajas?
Sofía: Sí, ahora vivo en Madrid y trabajo en una editorial, vendo novelas y escribo cuentos para niños. Es una empresa internacional y viajo a menudo.
Matilde: ¿Estás casada?
Sofía: Sí... Mi marido se llama Alonso y mi hija Sandra, cumple tres años en noviembre.
Matilde: ¿Tomamos algo? Así, hablamos...
Sofía: ¿Ahora? Es que...
Matilde: ¡Venga!
Sofía: Bueno, vale... Bueno, y tú, ¿qué es de tu vida?
Matilde: Pues los lunes y los martes trabajo en la universidad de Alcalá, enseño inglés y...

Víctor: ¿La calle Libreros, por favor?
Lucía: Sí. Mire... Usted toma la segunda calle a la derecha, continúa recto y gira la primera a la izquierda.
Víctor: Muchas gracias.

30

Dirección editorial: Raquel Varela
Coordinación editorial: Brigitte Faucard
Revisión: Cándido Tejerina Martín
Ilustración: Jaume Bosch
Diseño de cubierta: DC Visual
Diseño y ejecución de maqueta: Alinéa

 – ISBN: 978-84-96942-49-3 – Depósito legal:TO-0508-2008
Impreso por Rotabook, S.L

PRESENTE DE INDICATIVO, verbos regulares 7

En español existen tres grupos de verbos según la terminación de su infinitivo: -ar, -er, -ir.

	HABLAR	COMER	ESCRIBIR
yo	*hablo*	*como*	*escribo*
tú	*hablas*	*comes*	*escribes*
usted, él, ella	*habla*	*come*	*escribe*
nosotros/as	*hablamos*	*comemos*	*escribimos*
vosotros/as	*habláis*	*coméis*	*escribís*
ustedes, ellos, ellas	*hablan*	*comen*	*escriben*

VERBOS PRONOMINALES Y VERBOS CON MODIFICACIONES ORTOGRÁFICAS

	LLAMARSE	COGER (1)	ENVIAR (2)	CONTINUAR
yo	*me llamo*	*cojo*	*envío*	*continúo*
tú	*te llamas*	*coges*	*envías*	*continúas*
usted, él, ella	*se llama*	*coge*	*envía*	*continúa*
nosotros/as	*nos llamamos*	*cogemos*	*enviamos*	*continuamos*
vosotros/as	*os llamáis*	*cogéis*	*enviáis*	*continuáis*
ustedes, ellos, ellas	*se llaman*	*cogen*	*envían*	*continúan*

Otros verbos (1) proteger
(2) algunos verbos en -iar: esquiar, vaciar

USOS

- Indicar acciones habituales:
  Los lunes trabajo en la universidad.
- Presentar informaciones:
  Trabajo en una editorial.
  El autobús pasa por la calle Morales.
- Dar instrucciones, explicaciones:
  Usted toma la segunda calle a la derecha, continúa recto y gira la primera a la izquierda.
- Pedir, ofrecer, sugerir:
  ¿Quedamos mañana? Así, charlamos...
  ¿Tomamos algo?
- Expresar frecuencia: → Ver página 63
  Viajo a menudo.

Se usa con:
- todos los días, todas las mañanas / tardes / noches
- normalmente
- los lunes, martes, miércoles... fines de semana
- en verano, en otoño, en invierno, en primavera

31

Cuadros de gramática: recogen los temas introducidos en los diálogos.

Presentación de las reglas gramaticales básicas, formuladas en un lenguaje sencillo.

PRESENTE DE INDICATIVO, verbos regulares 7

4 **¿Qué hacen estas personas en su trabajo? Use las expresiones de la lista.**

responder al teléfono escribir cartas vender pan repartir el correo reparar coches curar a los animales

La secretaria escribe cartas. El veterinario ______
El cartero ______ La telefonista ______
El mecánico ______ El panadero ______

5 **Complete con los verbos que faltan.**

- Ramón ___habla___ inglés y español muy bien. — abrir
- (Vosotros) ______ en una empresa de informática. — llegar
- (Nosotros) ______ en un pequeño piso. — proteger
- (Ellos) ______ el autobús para ir al trabajo. — vivir
- El tren procedente de Madrid ______ a las nueve. — hablar
- Esta ONG ______ a los animales salvajes. — tomar
- La panadería ______ a las diez de la mañana. — trabajar

6 **Relacione y conjugue los verbos en presente.**

¿La calle Picasso, por favor?
¿Cómo funciona el cajero automático?
¿Cómo nos inscribimos en las clases de inglés?
Estoy enfermo.

(Completar, vosotros) ______ el impreso y (pagar, vosotros) ______ la matrícula.
Pues (llamar, tú) ______ al médico y (tomarse, tú) ______ una aspirina.
(Girar, Ud.) ___Gira___ a la derecha y (cruzar, Ud.) ______ la plaza.
Es muy sencillo, (teclear, tú) ______ tu número secreto y (pulsar, tú) ______ el botón verde.

7 **¿Qué dice en estas situaciones?**

ayudar dejar tomar prestar abrir comprar

En clase, necesita una goma. — Lola, ¿me dejas (tú) tu goma?
En su casa, un amigo tiene calor. — ¿______ (yo) la ventana?
En clase, no sabe hacer un ejercicio. — Álex, ¿me ______ (tú)?
Pasa delante de un bar con un amigo. — ¿______ (nosotros) un café?
Está en una pastelería con un amigo. — ¿______ (nosotros) una tarta?
En una tienda con un amigo, Ud. no tiene dinero. — ¿Me ______ (tú) un euro?

33

7 PRESENTE DE INDICATIVO, verbos regulares

1 **Conjugue los verbos en presente.**

	TRABAJAR	VENDER	VIVIR
yo	trabajo		
tú			
usted, él, ella			
nosotros/as			
vosotros/as			
ustedes, ellos, ellas			

	LEVANTARSE	PROTEGER	ESQUIAR
yo			
tú			
usted, él, ella			
nosotros/as			
vosotros/as			
ustedes, ellos, ellas			

2 **Complete el texto con los verbos de la lista en presente.**

cenar levantarse tomar ducharse llegar leer comer desayunar trabajar escuchar

Todas las mañanas, Fernando ___se levanta___ a las siete y media. ______ y ______ en la cocina con su mujer. Luego, ______ el autobús para ir al trabajo; ______ a las nueve. A las dos, ______ con sus compañeros de trabajo en un pequeño restaurante. Por las tardes, ______ hasta las seis y media. Por las noches, ______ a las nueve. Luego, ______ música, o ______.

3 **Relacione. Luego, escriba frases según el modelo.**

en verano	cenar con sus amigos (Juan)	
los domingos	leer el periódico (usted)	
los sábados por la noche	bañarse en el océano (vosotros)	En verano os bañáis en el océano.
todos los días en el desayuno	esquiar en los Pirineos (ellas)	
los martes a las seis	levantarse tarde (tú)	
en invierno	tomar el metro para ir al trabajo (yo)	
todos los días	practicar yudo (nosotros)	

32

Gran variedad de ejercicios prácticos de aplicación graduados de menor a mayor dificultad.

SUMARIO

1 EL ALFABETO

HACIENDO CRUCIGRAMAS

Jaime: A ver… siete letras, pintor español, empieza por eme, u.
Laura: Murillo.
Jaime: Diez letras, empieza por G: ONG ecologista.
Laura: Eh… Greenpeace.
Jaime: Se escribe ge, erre, e, e, ¿no?
Laura: Sí, ge, erre, e, e, ene, pe, e, a, ce, e.
Jaime: Siete letras: escritor español.
Laura: Eh… Delibes.
Jaime: De, e, ele, no, no es Delibes. La tercera letra es una e.
Carmen: Quevedo.
Jaime: Cu, u, e, uve, e, de, o. Sí.
Empieza por ce: país hispanoamericano, cuatro letras.
Carmen: Cuba.
Jaime: Capital de Eslovaquia.
Laura: ¿Cuántas letras?
Jaime: A ver… diez.
Laura: No sé.
Carmen: Busco en el diccionario.
[…]
Bratislava.
Jaime: ¿Cómo se escribe?
Carmen: Be, erre, a, te, i, ese, ele, a, uve, a.
Jaime: Y la última, muy, muy fácil, país de la Unión Europea, la quinta letra es una eñe.
Carmen, Laura: ¡España!

LETRA	NOMBRE	EJEMPLOS
A, a	a	Alemania
B, b	be	Brasil
C, c	ce	Croacia, Ceuta, Canadá
Ch, ch	che	China
D, d	de	Dinamarca
E, e	e	Estonia
F, f	efe	Finlandia
G, g	ge	Málaga, Girona
H, h	hache	Honduras
I, i	i	Irlanda
J, j	jota	Jordania
K, k	ka	Tokio
L, l	ele	Londres
Ll, ll	elle	Mallorca
M, m	eme	Manila

LETRA	NOMBRE	EJEMPLOS
N, n	ene	Noruega
Ñ, ñ	eñe	España
O, o	o	Oslo
P, p	pe	Perú
Q, q	cu	Paquistán
R, r	erre	Rusia, Andorra, Israel, Brasil, Ecuador
S, s	ese	Salamanca
T, t	te	Toledo
U, u	u	Uruguay
V, v	uve	Venezuela
W, w	uve doble	Washington
X, x	equis	Luxemburgo
Y, y	i griega	Paraguay, Yucatán
Z, z	zeta	Zaragoza

Las letras son femeninas: *la a, la be, la c...*

- Las vocales: *a, e, i, o, u.*
- Las consonantes: *b, d, c, f, g, h, j...*
- La **b** y la **v** se pronuncian igual.
- La **z** se pronuncia como la **s** en Hispanoamérica, Canarias y Andalucía.
- **y** + vocal y **ll** se pronuncian igual: *Yucatán, Guyana, Melilla*
- Sonido /k/
  - **c** + consonante — *Victoria, clase, Ucrania,*
  - **c** + a, o, u — *Calcuta, Corea*
  - **qu** + e, i — *Quito, Antequera*
- Sonido /θ/
  - **c** + e, i — *Francia, Cerdeña*
  - **z** + a, o, u — *Zamora, zoo, zumo*
  - **z final** — *Santa Cruz, Badajoz*
- Sonido /g/
  - **g** + l, r, a, o, u — *globo, Granada, Galicia, La Gomera, Guatemala*
  - **gu** + e, i — *Guernica, Guinea*
- Sonido /x/
  - **g** + e, i — *Girona, Argelia*
  - **j** + a, e, i, o, u — *Jaén, Jerez, jirafa, José, junio*
- Sonido fuerte /r̄/
  - **r inicial** — *Roma, Rusia*
  - **rr** — *Marruecos, Navarra*
  - l, n, s + **r** — *alrededor, Enrique, Israel*
- débil /r/
  - **r** en otra posición — *Madrid, Argelia, París, Teruel, El Salvador*

1 **Coloree estas casillas. ¿Qué lee?**

a ce de ge hache jota eme eñe pe cu erre te uve equis i griega zeta

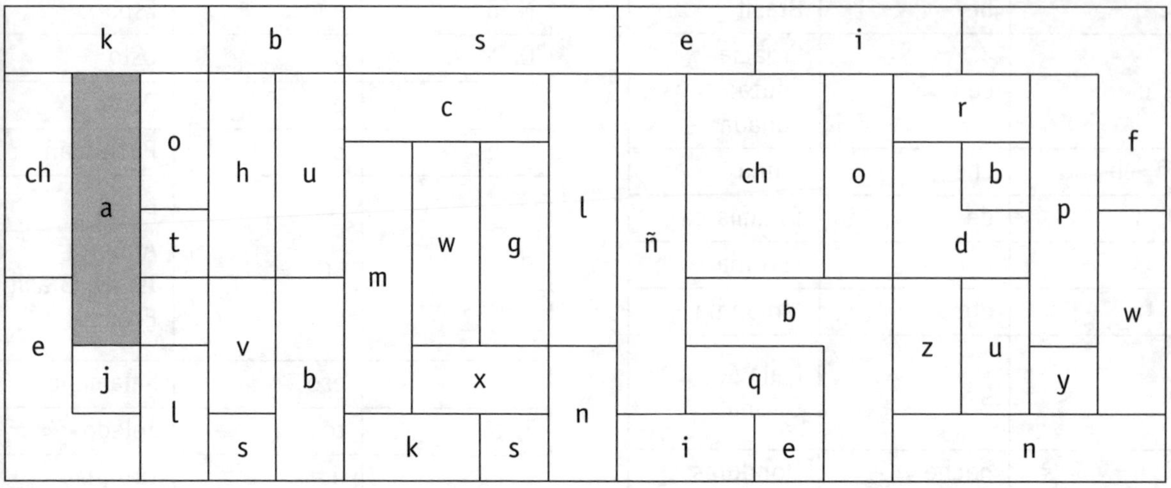

2 **a. Relacione.**

Ge, o, i griega, a.	Allende ______
Be, a, ene, de, e, erre, a, ese.	Buñuel ______
A, elle, e, ene, de, e.	Goya 3
I, ge, ele, e, ese, i, a, ese.	Iglesias ______
Be, u, eñe, u, e, ele.	Juan Carlos ______
Jota, u, a, ene. Ce, a, erre, ele, o, ese.	Banderas ______

b. ¿Sabe qué eran o son estos personajes? Escriba los números.

1. un actor 2. una escritora 3. un pintor 4. un director de cine 5. un rey 6. un cantante

3 **a. Lea estas letras dos veces.** **b. Ahora, rodee las palabras deletreadas, de memoria.**

1. Hache, e, erre, ene, a, ene, de, e zeta.	(Hernández)	Fernández
2. Jota, u, ene, i, o.	julio	junio
3. Ce, o, erre, erre, e, erre.	comer	correr
4. Ce, a, zeta, a.	casa	caza
5. Be, o, elle, o.	pollo	bollo

4 **a. Escriba.**
b. Indique el número correspondiente a cada palabra en la ilustración de la página 6.

1. Eme, e, ese, a.	mesa	6
2. Uve, e, ene, te, a, ene, a.	______	______
3. Ce, o, erre, te, i, ene, a.	______	______
4. A, ele, efe, o, eme, be, erre, a.	______	______
5. Ese, i, elle, a.	______	______
6. Pe, u, e, erre, te, a.	______	______

5 **Con las letras que no están, escriba el nombre de un país hispanoamericano.**

I Z C CH LL W P Y K J B
Ñ E L T V Q F G M X

____

6 **Clasifique estos nombres de ciudades españolas e hispanoamericanas según el sonido (letras grises).**

Salamanca Zacatecas Caracas Unquera Bogotá Zaragoza
Tegucigalpa Jerez Vigo Veracruz Quintana Málaga Arequipa Cartagena
Cáceres Girona Durango Valencia Jaén La Paz Gijón Managua

/k/	/θ/	/g/	/x/
Salamanca			

7 **Complete los nombres de estos países con las dos letras que tienen en común.**

GUATEMALA
COLOMBIA
MARRUECOS

B__AS__L
F__ANC__A
A__GEL__A

A__GE__IA
BU__GA__IA
AUST__A__IA

PA__A__Á
ALE__A__IA
DI__A__ARCA

__ET__NIA
C__ __OMBIA
P__ __ONIA

GRE__I__
__AN__DÁ
U__RANI__

NOR__E__A
H__N__RÍA
PORT__ __AL

I__LA__DA
A__GENTI__A
__ICA__AGUA

EG__P__O
I__AL__A
ES__ADOS UN__DOS

8 **Escriba tres palabras que tengan las siguientes letras.**

- o - a amigo
- r - o comer
- e - n cuaderno

2 EL ACENTO

¿PEDIMOS UNA PIZZA?

Óscar:	Tengo hambre.
Verónica:	Y yo.
José:	¿Preparo unos pinchos de chorizo y jamón?
Verónica:	No, pinchos no.
José:	¿Pido una pizza?
Verónica:	¡Vale!
José:	Pues voy a llamar a Pizzabuena. ¿Pido una Real? Está muy buena. Es la especialidad de la casa, lleva tomate natural, atún, espárragos, aceitunas, cebolla y queso.
Verónica:	Perfecto.
Empleada:	Pizzabuena, buenas noches.
José:	Buenas noches, quiero pedir una pizza Real para tres personas.
Empleada:	Muy bien, ¿su nombre y su dirección, por favor?
José:	José Rodríguez, calle del Carmen, número ocho, tercero derecha.
Empleada:	¿Teléfono?
José:	91 440 58 63.
Empleada:	Muchas gracias. Adiós.
José:	Adiós. Chicos, ¡ya viene la pizza!
Óscar:	Pongo la mesa.
José:	Y yo, voy a abrir una botella de Rioja.

En todas las palabras de más de una sílaba, una de las sílabas se pronuncia más fuerte que las demás; se llama sílaba tónica.

PALABRAS ACENTUADAS EN LA ÚLTIMA SÍLABA

- **Se llaman palabras agudas.**

– Si terminan en **consonante** (excepto n / s), no llevan tilde.
llamar, favor
especialidad
natural

– Si terminan en **vocal**, **n** o **s**, llevan tilde.
José
está
jamón, atún
adiós

PALABRAS ACENTUADAS EN LA PENÚLTIMA SÍLABA

- **Se llaman palabras llanas.**

– Si terminan en **vocal**, **n** o **s**, no llevan tilde.
pizza, botella, derecha
tengo, chorizo, tercero
hambre, nombre, tomate
pinchos, chicos, muchas
Carmen

– Si terminan en **consonante** (excepto n / s), llevan tilde.
Rodríguez
Óscar
fácil

PALABRAS ACENTUADAS EN LA ANTEPENÚLTIMA SÍLABA

- **Se llaman palabras esdrújulas.**

– Todas llevan tilde.
Verónica
teléfono
número
espárragos

1 **Rodee la sílaba tónica.**

Palabras agudas

nariz	nacionalidad	español	cantar
Badajoz	escribir	Madrid	Brasil

Palabras llanas

deporte	joven	amigos	examen
chicos	primavera	biquini	tenis

Palabras esdrújulas

música	informática	teléfono	gramática
Atlántico	rápido	último	pájaro

2 **Escriba las tildes necesarias.**

Agudas		Llanas		Esdrújulas	
autobús	cafe	arbol	sombrero	sabado	tecnica
usted	azul	azucar	cantan	America	ecologico
Peru	hablar	futbol	escribes	silaba	medico
postal	Canada	coche	martes	unico	pagina
veintitres	calidad	profesora	baloncesto	platano	espectaculo
esqui	monopatin	automovil	dificil	septimo	proximo
detras	ordenador	caracter	sillas	boligrafo	tonica
actriz	hospital	apellido	poster	maquina	mayuscula

3 **Clasifique las palabras en los recuadros correspondientes.**

papel micrófono libro lápiz líquido inglés Málaga comen española González melocotón Córdoba champú biblioteca tijeras plural simpático estúpido esperar hablas léxico Navidad rotulador frágil México kilómetro ayer

Agudas	**papel,**
Llanas	
Esdrújulas	

4 **Observe la ilustración de la página 10 y escriba los números correspondientes. Observe la sílaba fuerte (letras grises), ponga las tildes necesarias y relacione.**

3	sofa	sofá	• AGUDAS
____	sillon	____________	
____	movil	____________	
____	televisor	____________	
____	lampara	____________	• LLANAS
____	alfombra	____________	
____	libros	____________	
____	reloj	____________	• ESDRÚJULAS
____	pared	____________	

5 **Escriba las palabras correspondientes a estas definiciones.**

AGUDAS
- Capital de Colombia. Bogotá
- Capital de Francia. ____________
- País hispanoamericano (capital: Lima). ____________
- Línea imaginaria y país hispanoamericano. ____________

LLANAS
- Capital de Italia. ____________
- Capital del Reino Unido. ____________
- País situado al nordeste de Argelia. ____________
- Capital de Noruega. ____________

ESDRÚJULAS
- Continente situado al sur de España. ____________
- Baña las costas de Portugal. ____________
- País hispanoamericano de Norteamérica. ____________
- Dos líneas imaginarias (de Cáncer y de Capricornio) ____________

6 **Complete las listas. Use un diccionario.**

cocinar	cenar	ga nar	______nar
universidad	nacionalidad	______dad	______dad
apartamento	momento	______mento	______mento
carretera	cafetera	______tera	______tera
acuático	automático	______ático	______ático
ecológico	tecnológico	______ógico	______ógico

ganar imaginar terminar actividad enfermedad cantidad climático simpático diplomático
pegamento monumento instrumento portera cartera pantera biológico pedagógico lógico

3 LOS ARTÍCULOS determinados e indeterminados

EN LA EMPRESA

Son las diez menos cuarto. El señor Paz llama a la empresa Viatex-Publi.

Telefonista: Viatex-Publi, buenos días.
Señor Paz: Buenos días, con el señor Montero, por favor.
Telefonista: ¿De parte de quién, por favor?
Señor Paz: Del señor Paz.

Ricardo: ¿Vamos al cine de la calle Cervantes a ver la última película de Amenábar el sábado por la noche?
Lola: ¿Por la noche? Mejor por la tarde, ¿no? Los sábados por la noche siempre hay mucha gente y no quiero acostarme tarde.
Ricardo: Bueno, vale. Y luego vamos a la cafetería Pinchos cerca del cine a tomar un café y unas tapas; también van a ir Pedro y Alfonso.
Lola: ¿Pedro y Alfonso? ¡Pues luego vamos a bailar a una discoteca!
Ricardo: ¿Pero no quieres acostarte pronto?
Lola: No... no... Bueno, ¿dónde quedamos?
Ricardo: ¿Qué tal en la Plaza Mayor a las tres?
Lola: Vale. Bueno, te dejo, a las diez tengo una reunión con el director comercial. Oye, ¿seguro que también van Pedro y Alfonso?
Ricardo: Que sí...

ARTÍCULOS DETERMINADOS

	MASCULINO	FEMENINO
SINGULAR	**el** amigo	**la** amiga
PLURAL	**los** amigos	**las** amigas

Ante los **nombres femeninos** que empiezan por **á**, **a** o **ha tónicas**, se usa *el* en lugar de *la*.
El agua, el aula, el hacha.
➥ **Excepciones** *la a, la hache*

CONTRACCIONES

a + el > al — *Vamos al cine.*

de + el > del — *Cerca del cine.*

◗ **Usos**

- Hablar de personas, lugares o cosas concretas.
  *El ordenador de la telefonista **está sobre su mesa.***
  Vamos a la cafetería Pinchos.
  ¿Cuándo llega el nuevo director?
- Decir la hora, indicar horas.
  Son las diez menos cuarto. ¿Qué tal a las tres?
- Decir fechas y días (de un acontecimiento concreto).
  El nuevo director llega el 14 de marzo.
  ➥ *Hoy es lunes dos de marzo. Estamos a dos de marzo.*
- Con **calles, monumentos... + nombre.**
  La Plaza Mayor. El Museo del Prado. La calle Cervantes.
- Con ***señor/señora/señorita*** + **apellido.**
  Con el señor Montero, por favor.
  ➥ Excepción: para saludar.
  Buenos días, señor Montero.
- Con los nombres de los días de la semana.
  En singular, para indicar un día determinado:
  ¿Vamos al cine el sábado? (= el sábado próximo)
  En plural, para indicar periodicidad:
  Los sábados hay mucha gente. (= Todos los sábados)

◗ **Omisión**

Con los nombres de países.
Visite España.

Expresiones
Situar en las partes del día:
*por **la** mañana, por **la** tarde, por **la** noche*
Situar en el espacio:
*a **la** derecha, a **la** izquierda*
*Ver **la** tele, escuchar **la** radio*
*Jugar **al** fútbol, jugar a **las** cartas...*
*Tocar **la** guitarra, tocar **el** piano*

☞ **Se puede decir**

Estados Unidos	*los Estados Unidos*
Reino Unido	*el Reino Unido*
China	*la China*
Japón	*el Japón*
Perú	*el Perú*

ARTÍCULOS INDETERMINADOS

	MASCULINO	FEMENINO
SINGULAR	**un** amigo	**una** amiga
PLURAL	**unos** amigos	**unas** amigas

◗ **Usos**

- Hablar de personas, lugares o cosas que no se conocen o no se han mencionado anteriormente.
  Vamos a una discoteca.
  Tengo una reunión.
- Con ***hay***, para indicar la existencia.
  Sobre la mesa de la telefonista hay un ordenador.

1 a. Transforme las frases según los modelos.

Voy a visitar un museo.	→ museo Reina Sofía	**Voy a visitar el museo Reina Sofía.**
Vivo en una pequeña calle.	→ calle Sevilla	**Vivo en la calle Sevilla.**
Trabajo en un taller.	→ taller Larrueda	______________
Como en un restaurante.	→ restaurante Chuletón	______________
Leo un libro.	→ último libro de Cela	______________
Veo una película.	→ última película de Banderas	______________
¿Comemos en una cafetería?	→ cafetería El bocata	______________

b. Complete con los artículos determinados o indeterminados.

1. Ramón trabaja en **una** farmacia.
2. ______ autobuses 3 y 2 van a Alcalá.
3. ______ empresa de Raúl se llama Clavex.
4. He visto ______ película muy interesante.
5. Voy al cine con ______ amiga.
6. Compro pan en ______ panadería La espiga.
7. ¿Cuál es ______ número de teléfono de Andrés?
8. Victoria llama por teléfono a ______ amigo.
9. Beatriz es______ secretaria del director.
10. Julia vive en ______ plaza Monteros.

2 Escriba los artículos determinados necesarios.

¿Es usted **el** señor Romero?

__________ señora Díaz es simpática.

¿Conoces a ______ señorita López?

¿Dónde está ______ señora Casado?

Buenos días,__________ señora Varela.

¿Quién es ______ señor Morales?

Hola __________ señor Cobos.

Hasta luego ______ señor Paz.

3 ¿Qué hora es?

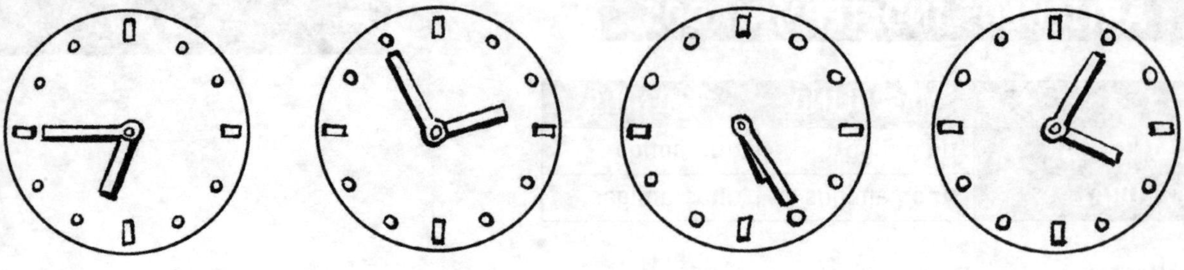

Son las siete menos cuarto.	______________	______________	______________

4 **Conteste según el modelo.**

¿De dónde viene?	¿Dónde está?	¿Adónde va?

la farmacia • la estación • el banco → Vengo de la farmacia, estoy en la estación y voy al banco.

______________________________ ← el gimnasio • la librería • el bar

la panadería • la calle • el instituto → ______________________________

______________________________ ← el parque • la playa • el museo

la calle Ríos • el gimnasio • el cine → ______________________________

5 **Escriba los artículos determinados necesarios y las fechas en letras.**

- Mi cumpleaños es __el__ 13/05 __trece de mayo__
- Estamos a ______ 22/08 ______________________
- Voy a Londres ______ 30/10 ______________________
- Mañana es ______ 18/02 ______________________

6 **Forme frases según los modelos.**

Día concreto

- martes / ir a casa de Luis
  El martes voy a casa de Luis.
- miércoles / tener una reunión
  ____
- lunes / ir a Francia
  ____

Acción habitual

- sábados / comer con Juan
  Los sábados como con Juan.
- viernes / ir al cine
  ____
- jueves / jugar al tenis
  ____

7 **Complete la conversación con los artículos necesarios.**

Jorge: ¿Qué haces normalmente __los__ sábados?

Nuria: Pues, por ______ mañana, me levanto a ______ nueve y media, escucho ______ radio y voy ______ gimnasio.

Jorge: ¿A qué hora comes?

Nuria: A ______ dos, en ______ restaurante de ______ amigo; está en ______ calle Colón. Por ______ tarde, veo ______ tele y juego ______ tenis con ______ compañera de trabajo de ______ cuatro a ______ cinco y media.

Jorge: ¿Y por ______ noche?

Nuria: Voy ______ cine con ______ amigas. Luego comemos en ______ cafetería y vamos ______ Café Luna para escuchar a mi amigo Lucas; toca ______ piano.

4 EL NOMBRE, género y número

EN LA TIENDA DE ROPA

La dependienta:	¡Buenos días! ¿Qué desea?
La clienta:	Un jersey, por favor, de la talla 42.
La dependienta:	¿De qué color? ¿Azul, marrón?
La clienta:	Azul, no me gusta el marrón.
La dependienta:	Mire, tenemos este modelo, la calidad es excelente.
La clienta:	Me gusta. ¿Dónde está el probador?
La dependienta:	Está ahí, al fondo.

Bea y su marido Arturo van a Candanchú, una estación de esquí de los Pirineos. Bea necesita una cazadora.

Bea:	Mira… las cazadoras.
Arturo:	Espera… voy un momento a la sección de caballeros.
Bea:	¿Para qué?
Arturo:	Necesito unos guantes, un gorro y unos calcetines de lana, para esquiar; un traje y unos zapatos, para salir por la noche al restaurante…
Bea:	Oye, ¡hemos venido a comprar un jersey para mí!
Arturo:	¡Vale, vale!

El cliente:	Por favor, busco una chaqueta azul y un cinturón de piel.
La dependienta:	Sí, mire, ahí, al lado de los pantalones.

NOMBRES MASCULINOS

- Nombres en -o: *el vestido*
  ➥ Excepciones: *la mano, la foto(grafía), la moto(cicleta)...*
- Nombres en -or / -ín / -ón (excepto -ción / -sión / -zón): *el probador, el calcetín, el pantalón*
  ➥ Excepciones: *la flor, la coliflor*
- Nombres en -aje: *el viaje*
- Nombres de montañas, océanos, mares y ríos:
  los Alpes, el Teide, el Pacífico, el Mediterráneo, el Ebro

☞ Las palabras en **-e** pueden ser masculinas o femeninas:
***el** cine, **la** noche*

☞ Tienen la misma forma en masculino y femenino:
- Los nombres en **-ista:**
  el/la** periodi**sta
- Casi todos los nombres en **-nte: *el/la*** *estudia**nte***

➥ **Excepciones:**
*el dependie**nte** → la dependie**nta**,*
*el clie**nte** → la clie**nte*** o *la clienta*

NOMBRES FEMENINOS

- Nombres en -a: *la talla, la falda*
  ➥ Excepciones:
  - Nombres referidos a personas de sexo masculino: *el policía*
  - Nombres de los colores: *el naranja, el violeta, el rosa*
  - Otras palabras: *el día, el planeta, el mapa, el pijama, el sofá, el problema, el clima*
- Nombres en -dad, -tad y -tud: *la ciudad, la amistad, la juventud*
- Nombres en -ción, -sión y -zón: *la estación, la discusión, la razón*
  ➥ Excepciones: *el corazón, el buzón, el tazón*
- Letras: *la a, la b, la c...*

FORMACIÓN DEL FEMENINO

MASCULINO	FEMENINO
Nombres en -o *el chico*	-o → -a *la chica*
Nombres en consonante *el profesor*	+ -a *la profesora*

☞ Si la última sílaba lleva **tilde**, esta desaparece en femenino:
el león → la leona

*el hombre → **la mujer*** *el marido → **la mujer*** *el rey → **la reina***
*el padre → **la madre*** *el yerno → **la nuera*** *el actor → **la actriz***

FORMACIÓN DEL PLURAL

SINGULAR	PLURAL
Nombres en vocal *el zapato, la falda, el guante*	+ -s *los zapatos, las faldas, los guantes*
Nombres en consonante (excepto z) o en -í *el probador,* *la ciudad,* *el maniquí*	+ -es: *los probadores, las ciudades, los maniquíes* • Si la última sílaba lleva **tilde**, esta desaparece en plural: *la sección → las secciones* • Si la palabra termina en **-en**, en plural lleva tilde: *el examen → los exámenes*
Nombres en -z: *el albornoz*	-z → -ces: *los albornoces*
Nombres en -s: *el paraguas*	invariables: *los paraguas* ➥ Excepciones: *mes → meses, país → países, autobús → autobuses*

1 Observe la terminación de las siguientes palabras y escriba si son masculinas (M) o femeninas (F).

M	océano	____	cabeza	____	facilidad	____	televisión
____	dolor	____	canción	____	casa	____	director
____	gimnasia	____	niño	____	bailarín	____	página
____	libro	____	admiración	____	jamón	____	solución
____	publicidad	____	peaje	____	longitud	____	ejercicio
____	equipo	____	traje	____	libertad	____	dificultad
____	error	____	acción	____	calidad	____	verbo
____	conclusión	____	congelador	____	conjugación	____	amiga
____	cantidad	____	garaje	____	pantalón	____	bolígrafo
____	comedor	____	cajón	____	personaje	____	civilización
____	comunicación	____	facultad	____	fin	____	rotulador
____	edad	____	calcetín	____	viaje	____	cojín

2 ¿Conoce el género de las siguientes palabras en *-e*? Copie las palabras en la columna correspondiente y compruebe sus respuestas en un diccionario.

hombre noche coche nombre tele calle padre madre restaurante
puente clase elefante pie nieve diente tomate leche presente tarde
pasaporte torre deporte albaricoque carne chocolate aceite bigote gripe

MASCULINAS	FEMENINAS
hombre,	**noche,**

3 ¿Es usted bueno en geografía? Marque con una ✗ la casilla correcta.

	mar	océano	río	montaña	volcán
• el Everest	☐	☐	☐	☒	☐
• el Pacífico	☐	☐	☐	☐	☐
• el Canal de la Mancha	☐	☐	☐	☐	☐
• el Teide	☐	☐	☐	☐	☐
• los Alpes	☐	☐	☐	☐	☐
• el Mediterráneo	☐	☐	☐	☐	☐
• el Guadalquivir	☐	☐	☐	☐	☐
• el Etna	☐	☐	☐	☐	☐
• el Ártico	☐	☐	☐	☐	☐
• el Amazonas	☐	☐	☐	☐	☐
• el Caribe	☐	☐	☐	☐	☐
• el Himalaya	☐	☐	☐	☐	☐

4 Escriba los femeninos.

el camarero → la camarera
el panadero → ______
el amigo → ______

el director → ______
el vendedor → ______
el chaval → ______

el campe**ó**n → ______
el bailar**í**n → ______
el le**ó**n → ______

el periodista → ______
el turista → ______
el futbolista → ______

el cantante → ______
el adolescente → ______
el estudiante → ______

5 Localice las palabras y complete las frases con las palabras en plural.

	1	2	3	4	5	6
a	sillón	estación de metro	pastel	león	lápiz	kiwi
b	hospital	libro	pimiento	reloj	delfín	tigre
c	estuche	coliflor	hotel	colegio	cocodrilo	naranja
d	parque	melón	bolígrafo	elefante	archivador	mesa

- Sobre la mesa hay dos b/2 libros, cuatro a/5 ______, dos c/1 ______, tres d/3 ______ y dos d/5 ______.
- En el salón hay cuatro a/1 ______, dos b/4 ______ y dos d/6 ______ pequeñas.
- En la nevera hay dos a/3 ______, cuatro d/2 ______, cinco c/6 ______, dos c/2 ______, cuatro b/3 ______ y cinco a/6 ______.
- En mi barrio hay dos b/1 ______, tres c/4 ______, dos a/2 ______ ______, dos d/1 ______ y dos c/3 ______.
- En el zoo hay dos a/4 ______, tres b/5 ______, dos b/6 ______, dos d/4 ______ y cinco c/5 ______.

6 Escriba los plurales.

el lunes → los lunes
el jueves → ______
el autobús → ______
el sacapuntas → ______
el mes → ______
el país → ______

5 SER Y ESTAR en presente de indicativo

EN UNA FIESTA

Hoy es sábado, 22 de octubre; Raúl cumple 24 años. Son las diez de la noche; llega su amigo Alberto.

Raúl: Hola Alberto, pasa, pasa.
Alberto: ¡Felicidades! Toma, es para ti.
Raúl: ¿Qué es?
¡Un billetero, qué bonito!
Alberto: Es de piel.
Raúl: ¡Muchas gracias!

Julia: Oye, ¿quién es la chica rubia al lado de Pedro?
Patrica: Es Nathalie, es una prima de Raúl.
Julia: ¿Y de dónde es?
Patricia: Es francesa, creo que es de París.
Julia: ¿Y a qué se dedica?
Patricia: Es profesora de inglés.
Julia: ¿Y está casada?
Patricia: No, creo que no. ¡Venga, a bailar!

USOS DE SER

	SER	ESTAR
yo	*soy*	*estoy*
tú	*eres*	*estás*
usted, él, ella	*es*	*está*
nosotros/as	*somos*	*estamos*
vosotros/as	*sois*	*estáis*
ustedes, ellos, ellas	*son*	*están*

- Identificar personas y objetos:
  ¿Quién es la chica al lado de Pedro?
  Es Nathalie, es una prima de Raúl.
  ¿Qué es?
  Es un billetero.
- Origen y nacionalidad:
  ¿De dónde es Nathalie?
  Es francesa.
  Es de París.
- Destino:
  ¿Para quién es el billetero?
  Es para Raúl.
- Profesión:
  ¿A qué se dedica Nathalie?
  Es profesora de inglés.
- Material:
  ¿De qué es el billetero?
  El billetero es de piel.
- La hora:
  ¿Qué hora es?
  Son las diez de la noche.
- Pertenencia:
  ¿De quién es el piso?
  El piso es de los padres de Raúl.
- Fechas (en tercera persona del singular):
  ¿Qué día es?
  Hoy es sábado, 22 de octubre.

USOS DE ESTAR

- Localizar en el espacio:
  Los amigos de Raúl están en el salón.
  La sangría está sobre la mesa.
- Localizar en el tiempo: (siempre en la forma *nosotros*)
  Estamos en otoño.
  Estamos en el siglo XXI.
- Estado civil:
  Nathalie no está casada.
  Raúl está soltero.
- Posición:
  Julia y Patricia están sentadas en el sofá.
  Nathalie está de pie.
- Fechas (con la preposición ***a*** y en la forma *nosotros*):
  ¿A qué día estamos?
  *Hoy estamos **a** sábado, 22 de octubre.*

1 Escriba el número de la respuesta.

CON SER	1. Son de piel. 2. Es taxista. 3. Es del profesor. 4. No, soy italiano. 5. Es para mi hermano. 6. Soy de Bilbao. 7. Es jueves. 8. Son las once. 9. Es el novio de Blanca. 10. No, es portugués.

a. ¿Qué día es? __7__
b. ¿Qué hora es? ____
c. ¿Mario es español? ____
d. ¿Para quién es este CD? ____
e. ¿De quién es este diccionario? ____
f. ¿Quién es el chico rubio? ____
g. ¿A qué se dedica José? ____
h. ¿De qué son estos zapatos? ____
i. ¿Eres español? ____
j. ¿De dónde es usted? ____

1. Está tumbado en el sofá del salón. 2. A miércoles, dos de junio. 3. Están sobre la mesa. 4. Hace frío, estamos en invierno. 5. No, está soltera. 6. Estamos en febrero.	CON ESTAR

a. ¿Tu hermana está casada? __5__
b. ¿Y el abuelo? ____
c. ¿Dónde están los libros? ____
d. ¿Qué tiempo hace hoy? ____
e. ¿A qué día estamos? ____
f. ¿En qué mes estamos? ____

2 Complete con ser o con estar.

1. ¿Qué hora __es__? — ________ las dos.
2. Elena ________ la hermana de Juan.
3. Mi vestido negro ________ de lana.
4. ¿De quién ________ este móvil?
5. Julio ________ vendedor de coches.
6. Hoy ________ viernes, 20 de mayo, ________ en primavera.
7. El gato ________ sentado en el sillón.
8. Estas postales ________ para mi madre.
9. Las islas Canarias ________ en el océano Atlántico.
10. ¿A qué día ________ hoy?
11. ¿Tu hermano Luis ________ soltero? — No, ________ separado.
12. Mi amigo José ________ colombiano, ________ de Bogotá.

3 Forme 10 frases con un elemento de cada columna.

		sentado en el sillón.
		a jueves.
Antonio	está	una amiga de Juan.
Mi camiseta		de licra.
Alicia	estamos	mexicanos.
Mis padres		tumbado en la cama.
Hoy	son	de algodón.
		a sábado.
	es	españoles.
		mi prima.

1. **Antonio está tumbado en la cama.**
2. **Antonio está sentado en el sillón.**
3. ____________________
4. ____________________
5. ____________________
6. ____________________
7. ____________________
8. ____________________
9. ____________________
10. ____________________

4 Forme frases según el modelo y usando ser o estar.

1. Luis / español **Luis es español.**
2. El bolso / de piel ____________________
3. Julio / sentado ____________________
4. Lola / la prima de Lucas ____________________
5. Hoy / jueves ____________________
6. Félix / soltero ____________________
7. Este libro / para Juan ____________________
8. Jean / de París ____________________
9. El CD / sobre la mesa ____________________
10. Marta / enfermera ____________________

5 Describa a estos personajes según el modelo.

¿QUIÉN ES?

1. • Pedro Morales, un primo de Juanjo
   • Español, Sevilla
   • Médico
   • Soltero

1. **Es Pedro Morales. Es un primo de Juanjo.**
   Es español. Es de Sevilla.
   Es médico.
   Está soltero.

2. • Julia Prada, una amiga de la universidad
   • Mexicana, Oaxaca
   • Estudiante
   • Casada

2. ____________________
   ____
   ____
   ____

3. • Pedro Cubillo, un compañero de trabajo
   • Peruano, Lima
   • Contable
   • Separado

3. ____________________
   ____
   ____
   ____

6 Complete la descripción con ser o con estar en la forma correcta del presente de indicativo.

Hoy ___es___ lunes, 6 de marzo, y ________ las nueve y diez de la noche; ________ tarde. Julián ________ informático, todavía ________ en su despacho. Tiene veintiocho años y ________ soltero. ________ sentado en el sillón. El sillón ________ de piel. El ordenador ________ sobre la mesa, a la derecha.

EN LA AGENCIA DE VIAJES

La clienta: ¿Dígame?

El empleado: Buenos días, con la señora Méndez, por favor.

La clienta: Sí, soy yo.

El empleado: Llamo de la agencia Sol-Tour. Ya tenemos su reserva de hotel.

La clienta: Ah… Muy bien.

El empleado: Tome nota, por favor. Hotel Playa, avenida Colón, 196. Teléfono: 928 24 61 30. Su habitación es la 403, en la cuarta planta.

La clienta: Muchas gracias. Adiós.

El empleado: Adiós.

El cliente: ¿Tiene ofertas para las islas Canarias para el mes de abril?

La empleada: ¿Qué fechas?

El cliente: La primera semana.

La empleada: A ver… Sí, tenemos una oferta del dos al siete de abril en Tenerife, todo incluido: avión, hotel de tres estrellas y pensión completa; y el hotel está a cien metros de la playa.

El cliente: ¿Cuánto vale?

La empleada: ¿Para cuántas personas?

El cliente: Tres personas: mi mujer, mi hijo y yo.

La empleada: ¿Cuántos años tiene su hijo?

El cliente: Cuatro años.

La empleada: Para usted y su mujer, quinientos sesenta euros cada uno, y para su hijo, trescientos, porque tiene menos de diez años.

El cliente: Muy bien. ¿Me da un folleto, por favor?

La empleada: Por supuesto. Y aquí tiene mi tarjeta. Puede llamar todos los días de las diez de la mañana a las ocho de la tarde.

El cliente: Muchas gracias.

La empleada: A usted.

LOS CARDINALES

0 *cero*	10 *diez*	20 *veinte*
1 *uno*	11 *once*	21 *veintiuno*
2 *dos*	12 *doce*	22 *veintidós*
3 *tres*	13 *trece*	23 *veintitrés*
4 *cuatro*	14 *catorce*	24 *veinticuatro*
5 *cinco*	15 *quince*	25 *veinticinco*
6 *seis*	16 *dieciséis*	26 *veintiséis*
7 *siete*	17 *diecisiete*	27 *veintisiete*
8 *ocho*	18 *dieciocho*	28 *veintiocho*
9 *nueve*	19 *diecinueve*	29 *veintinueve*

- Del *1* al *29*: una sola palabra.
- *uno* →
  - *un* ante un nombre masculino singular: *un libro*
  - *una* ante un nombre femenino singular: *una casa.*
- *veintiuno* →
  - *veintiún* ante un nombre masculino: *veintiún euros*
  - *veintiuna* ante un nombre femenino: *veintiuna casas*

30 *treinta*
31 *treinta y uno*
32 *treinta y dos*
33 *treinta y tres*
...
40 *cuarenta*
50 *cincuenta*
60 *sesenta*
70 *setenta*
80 *ochenta*
90 *noventa*

Se usa **y** entre las decenas y las unidades.
- *58: cincuenta* ***y*** *ocho*
- *64: sesenta* ***y*** *cuatro*

100 *cien, ciento*
200 *doscientos/as*
300 *trescientos/as*
400 *cuatrocientos/as*
500 *quinientos/as*
600 *seiscientos/as*
700 *setecientos/as*
800 *ochocientos/as*
900 *novecientos/as*
1.000 *mil*
1.000.000 *un millón*

Se usa **ciento** ante decenas y unidades.
- *158: ciento cincuenta y ocho*
- *102: ciento dos*

Usos

- Edad:
  Tengo veintiséis años.
- Números:
  El teléfono de la agencia es el 91 465 78 23.
  El hotel está en el número 196 de la avenida Colón.
- Cantidades:
  Tengo tres hermanos.
- Precios:
  El libro cuesta veintidós euros.
- Fechas, siglos (a partir del XI):
  Juan nació el 13 de mayo de 1978.
- Horas:
  La agencia de viajes está abierta de las diez de la mañana a las ocho de la tarde.
- Temperaturas:
  Hoy estamos a veinticinco grados.
- Medidas y distancias:
  El hotel está a cien metros de la playa.

LOS ORDINALES

- primero, primera
- segundo, segunda
- tercero, tercera
- cuarto, cuarta
- quinto, quinta
- sexto, sexta
- séptimo, séptima
- octavo, octava
- noveno, novena
- décimo, décima

A partir del 11° se suele usar los **cardinales**:
El piso ***16****, la planta* ***23****.*

☞ **Delante de un nombre masculino singular se usa *primer* / *tercer* en lugar de *primero* / *tercero*.**
Vivo en el primer piso.
Vives en el tercer piso.

Usos

- Expresar orden en una clasificación:
  La primera semana de abril.
  La cuarta planta.

1 Una los siguientes puntos con una línea. ¿Qué lee?

Ocho, doce, cuatro, cinco,
dos, diez, tres.

doce • ocho • once • seis • cuatro • cinco • siete • uno • dos • tres • diez

2 Relacione y complete.

5 8 •	• treinta y tres
___4 •	• veinticinco
3___ •	• ochenta y uno
___2 •	• cincuenta y ocho
2___ •	• sesenta y dos
___1 •	• setenta y nueve
4___ •	• cuarenta y tres
___9 •	• noventa y cuatro

3 Escriba con letras las distancias entre las siguientes ciudades.

Alicante												
515	Barcelona											
817	620	Bilbao										
659	583	158	Burgos									
525	908	795	637	Córdoba								
353	868	829	671	166	Granada							
422	621	395	237	400	434	Madrid						
482	997	939	781	187	129	544	Málaga					
815	693	108	156	793	827	393	937	Santander				
609	1.046	933	775	138	256	538	219	837	Sevilla			
411	692	466	308	320	397	71	507	464	458	Toledo		
166	349	633	517	545	519	352	648	673	697	372	Valencia	
498	296	324	287	725	759	325	869	397	863	396	326	Zaragoza

1. Alicante-Granada **trescientos cincuenta y tres**
2. Barcelona-Córdoba ______________________
3. Bilbao-Toledo ______________________
4. Madrid-Málaga ______________________
5. Burgos-Zaragoza ______________________
6. Santander-Valencia ______________________
7. Burgos-Sevilla ______________________

4 Escriba con letras ocho números combinando estas cifras. 2 8 4

- 84 <u>ochenta y cuatro</u>
- ___ ___ ________________
- ___ ___ ________________
- ___ ___ ________________
- 428 <u>cuatrocientos veintiocho</u>
- ___ ___ ___ ________________
- ___ ___ ___ ________________
- ___ ___ ___ ________________
- ___ ___ ___ ________________
- ___ ___ ___ ________________

5 Una los números.

1.225 •
4.903 •
8.040 •
13.753 •
24.671 •

cuatro mil | trece mil | mil | veinticuatro mil | ocho mil

setecientos | seiscientos | novecientos | doscientos

veinticinco | tres | setenta y uno | cuarenta | cincuenta y tres

6 Complete.

- 42.368 cuarenta y <u>dos mil</u> trescientos ________________ y ocho.
- 91.604 ________________ y un mil seiscientos ________________.
- 18.972 dieciocho mil ________________ setenta y ________________.
- 39.657 treinta y nueve mil ________________ cincuenta y ________________.
- 73.925 setenta y ________________ mil ________________ veinticinco.
- 57.762 cincuenta y ________________ mil ________________ sesenta y dos.

7 Escriba con letras la superficie de los siguientes países de la Unión Europa.

- Alemania: 357.480 km^2 <u>trescientos cincuenta y siete mil cuatrocientos ochenta</u>
- Reino Unido: 244.100 km^2 ________________
- Italia: 301.225 km^2 ________________
- Francia: 547.000 km^2 ________________
- España: 504.782 km^2 ________________

8 Escriba los números ordinales.

1. ¿Te gusta la 6ª <u>sexta</u> sinfonía de Beethoven?
2. Álvaro vive en el 3er ________________ piso.
3. El ascensor está entre la 4ª ________________ y la 5ª ________________ planta.
4. Eres el 8° ________________ de la lista.
5. Hoy es el 1er ________________ día de las vacaciones.

EN LA PLAZA

Matilde: ¡Sofía!
Sofía: ¿Sí?
Matilde: Sofía, soy Matilde.
Sofía: ¡Matilde, hola! ¡Cuánto tiempo!
Matilde: Sí, cuatro o cinco años. Pero, ¿qué tal? ¿Trabajas?
Sofía: Sí, ahora vivo en Madrid y trabajo en una editorial, vendo novelas y escribo cuentos para niños. Es una empresa internacional y viajo a menudo.
Matilde: ¿Estás casada?
Sofía: Sí... Mi marido se llama Alonso y mi hija Sandra, cumple tres años en noviembre.
Matilde: ¿Tomamos algo? Así, hablamos...
Sofía: ¿Ahora? Es que...
Matilde: ¡Venga!
Sofía: Bueno, vale... Bueno, y tú, ¿qué es de tu vida?
Matilde: Pues los lunes y los martes trabajo en la universidad de Alcalá, enseño inglés y...

Víctor: ¿La calle Libreros, por favor?
Lucía: Sí. Mire... Usted toma la segunda calle a la derecha, continúa recto y gira la primera a la izquierda.
Víctor: Muchas gracias.

En español existen tres grupos de verbos según la terminación de su infinitivo: -ar, -er, -ir.

	HABLAR	COMER	ESCRIBIR
yo	*hablo*	*como*	*escribo*
tú	*hablas*	*comes*	*escribes*
usted, él, ella	*habla*	*come*	*escribe*
nosotros/as	*hablamos*	*comemos*	*escribimos*
vosotros/as	*habláis*	*coméis*	*escribís*
ustedes, ellos, ellas	*hablan*	*comen*	*escriben*

VERBOS PRONOMINALES Y VERBOS CON MODIFICACIONES ORTOGRÁFICAS

	LLAMARSE	COGER (1)	ENVIAR (2)	CONTINUAR
yo	*me llamo*	*cojo*	*envío*	*continúo*
tú	*te llamas*	*coges*	*envías*	*continúas*
usted, él, ella	*se llama*	*coge*	*envía*	*continúa*
nosotros/as	*nos llamamos*	*cogemos*	*enviamos*	*continuamos*
vosotros/as	*os llamáis*	*cogéis*	*enviáis*	*continuáis*
ustedes, ellos, ellas	*se llaman*	*cogen*	*envían*	*continúan*

Otros verbos (1) proteger
(2) algunos verbos en -iar: esquiar, vaciar

USOS

- Indicar acciones habituales:
  Los lunes trabajo en la universidad.
- Presentar informaciones:
  Trabajo en una editorial.
  El autobús pasa por la calle Morales.
- Dar instrucciones, explicaciones:
  Usted toma la segunda calle a la derecha, continúa recto y gira la primera a la izquierda.
- Pedir, ofrecer, sugerir:
  ¿Quedamos mañana? Así, charlamos...
  ¿Tomamos algo?
- Expresar frecuencia: → Ver página 63
  Viajo a menudo.

Se usa con:
- todos los días, todas las mañanas / tardes / noches
- normalmente
- los lunes, martes, miércoles... fines de semana
- en verano, en otoño, en invierno, en primavera

1 Conjugue los verbos en presente.

	TRABAJAR	VENDER	VIVIR
yo	trabajo		
tú			
usted, él, ella			
nosotros/as			
vosotros/as			
ustedes, ellos, ellas			

	LEVANTARSE	PROTEGER	ESQUIAR
yo			
tú			
usted, él, ella			
nosotros/as			
vosotros/as			
ustedes, ellos, ellas			

2 Complete el texto con los verbos de la lista en presente.

cenar levantarse tomar ducharse llegar leer comer desayunar trabajar escuchar

Todas las mañanas, Fernando ___se levanta___ a las siete y media. ______ y ______ en la cocina con su mujer. Luego, ______ el autobús para ir al trabajo; ______ a las nueve. A las dos, ______ con sus compañeros de trabajo en un pequeño restaurante. Por las tardes, ______ hasta las seis y media. Por las noches, ______ a las nueve. Luego, ______ música, o ______.

3 Relacione. Luego, escriba frases según el modelo.

en verano	cenar con sus amigos (Juan)	
los domingos	leer el periódico (usted)	______
los sábados por la noche	bañarse en el océano (vosotros)	______
todos los días en el desayuno	esquiar en los Pirineos (ellas)	En verano os bañáis en el océano.
los martes a las seis	levantarse tarde (tú)	______
en invierno	tomar el metro para ir al trabajo (yo)	______
todos los días	practicar yudo (nosotros)	______

4 **¿Qué hacen estas personas en su trabajo? Use las expresiones de la lista.**

responder al teléfono · escribir cartas · vender pan
repartir el correo · reparar coches · curar a los animales

La secretaria **escribe cartas.** El veterinario ________
El cartero ________ La telefonista ________
El mecánico ________ El panadero ________

5 **Complete con los verbos que faltan.**

- Ramón **habla** inglés y español muy bien. — abrir
- (Vosotros) ________ en una empresa de informática. — llegar
- (Nosotros) ________ en un pequeño piso. — proteger
- (Ellos) ________ el autobús para ir al trabajo. — vivir
- El tren procedente de Madrid ________ a las nueve. — hablar
- Esta ONG ________ a los animales salvajes. — tomar
- La panadería ________ a las diez de la mañana. — trabajar

6 **Relacione y conjugue los verbos en presente.**

- ¿La calle Picasso, por favor?
- ¿Cómo funciona el cajero automático?
- ¿Cómo nos inscribimos en las clases de inglés?
- Estoy enfermo.

- (Completar, vosotros) ________ el impreso y (pagar, vosotros) ________ la matrícula.
- Pues (llamar, tú) ________ al médico y (tomarse, tú) ________ una aspirina.
- (Girar, Ud.) **Gira** a la derecha y (cruzar, Ud.) ________ la plaza.
- Es muy sencillo, (teclear, tú) ________ tu número secreto y (pulsar, tú) ________ el botón verde.

7 **¿Qué dice en estas situaciones?**

ayudar · dejar · tomar · prestar · abrir · comprar

En clase, necesita una goma. — Lola, ¿me **dejas** (tú) tu goma?

En clase, no sabe hacer un ejercicio. — Álex, ¿me ________ (tú)?

Está en una pastelería con un amigo. — ¿________ (nosotros) una tarta?

En su casa, un amigo tiene calor. — ¿________ (yo) la ventana?

Pasa delante de un bar con un amigo. — ¿________ (nosotros) un café?

En una tienda con un amigo, Ud. no tiene dinero. — ¿Me ________ (tú) un euro?

8 QUERER y PODER en presente de indicativo

EN EL NÚMERO 4 DE LA CALLE MOLINOS

Belén:	Mariano, quiero comer ahora, tengo hambre.
Mariano:	Espera… la comida todavía no está lista.
Belén:	¿Te puedo ayudar? Es que tengo hambre.
Mariano:	Sí, mira… ¿Me puedes pasar la sal? Está sobre la mesa.
Belén:	Mm… Gazpacho, me encanta el gazpacho. ¡Lo quiero probar!
Mariano:	Espera…
Belén:	Pua…
Mariano:	Claro, no tiene aceite de oliva. ¿Puedes ir al ultramarinos a comprar una botella?
Belén:	Vale. ¿Quieres otra cosa?
Mariano:	Sí, una barra de pan.
Belén:	Vuelvo enseguida. ¿Puedes poner la mesa?
Mariano:	Que sí, que ahora comemos.

Matías:	¿Tienes el último CD de Miguel Bosé?
Vanesa:	Sí, está en el estante.
Matías:	¿Puedo ponerlo?
Vanesa:	Sí, claro. ¿Quieres una tónica o una cerveza?
Matías:	Una cerveza, por favor.
Vanesa:	¿Quieres quedarte a comer? He preparado una paella buenísima.
Matías:	No puedo, hoy como con mis padres y luego quiero ir a casa de Julia. Pero ¡puedes guardarme un poco y vuelvo esta noche con una botellita de Rioja o de Valdepeñas!
Vanesa:	¡De Rioja!

	QUERER	PODER
yo	*quiero*	*puedo*
tú	*quieres*	*puedes*
usted, él, ella	*quiere*	*puede*
nosotros/as	*queremos*	*podemos*
vosotros/as	*queréis*	*podéis*
ustedes, ellos, ellas	*quieren*	*pueden*

USOS DE QUERER

Querer + sustantivo
- Ofrecer algo:
  ¿Quieres una tónica?
- Expresar deseo, voluntad:
  Quiero una cerveza.

Querer + infinitivo
- Invitar, proponer:
  ¿Quieres quedarte a comer?
- Expresar deseo, voluntad:
  Quiero comer ahora. Quiero ir a casa de Julia.

USOS DE PODER

- Pedir permiso:
  ¿Puedo ponerlo?
- Pedir acciones, favores:
  *¿Puedes ir al ultramarinos? ¿**Me** puedes pasar la sal?*
- Expresar capacidad o incapacidad:
  No puedo, hoy como con mis padres.

USOS DE QUERER Y PODER CON PRONOMBRES PERSONALES

– reflexivos	me te se nos os se	
– de objeto directo	me te le/lo/la nos os les/los/las	→ Ver página 91
– de objeto indirecto	me te le nos os les	→ Ver página 91

Los pronombres personales pueden ir:

- antes de *querer* o *poder*:
  Me quiero quedar./Me puedo quedar.
  Pedro se quiere levantar./Pedro se puede levantar.
  El CD — *Lo quiero escuchar.* / *Lo puedo escuchar.*
  A él — *Le quieres escribir un e-mail.* / *Le puedes escribir un e-mail.*

- después del infinitivo y formando una sola palabra:
  Quiero quedarme./Puedo quedarme.
  Pedro quiere levantarse./Pedro puede levantarse.
  El CD — *Quiero escucharlo.* / *Puedo escucharlo.*
  A él — *Quieres escribirle un e-mail.* / *Puedes escribirle un e-mail.*

1 Escriba los diálogos, según el modelo.

1. un chicle / un caramelo — TÚ — **¿Quieres un chicle?** — **No, quiero un caramelo.**
2. un café / un té — VOSOTROS — ________ — ________
3. paella / tortilla — USTED — ________ — ________
4. ir al campo / ir a la playa — TÚ — ________ — ________
5. ver la tele / ir al cine — VOSOTROS — ________ — ________

2 Exprese deseos, según el modelo.

1. Yo	tener hambre / comprar un bocadillo	**Tengo hambre, quiero comprar un bocadillo.**
2. Tú	tener sed / ir a una cafetería	________
3. Nosotros	tener hambre / comer ahora	________
4. Ustedes	tener calor / ir a la playa	________
5. Ella	tener frío / cerrar la ventana	________

3 Relacione y conjugue el verbo poder en presente.

No hay pan.	¿________ (vosotros) poner la mesa?
Me duele la cabeza.	¿________ (Ud.) bajar el volumen de la tele?
Hace calor.	¿________ (tú) poner el aire acondicionado?
Vamos a cenar.	¿________ (Ud.) repetir la pregunta?
No comprendo.	¿**Puedes** (tú) comprar una barra?

4 Lea las situaciones y pida permiso.

Está en casa de un amigo...

1. y hoy hay una película muy buena en la tele.
2. su amigo tiene el último CD de su cantante favorito.
3. su móvil está roto y necesita hacer una llamada.
4. necesita ir al baño.
5. tiene calor y las ventanas están cerradas.

1. **¿Puedo ver la película?**
2. ________
3. ________
4. ________
5. ________

abrir la ventana — hacer una llamada — ver la película — ir al baño — poner este CD

5 Rechace las invitaciones de sus amigos.
Complete las frases según el modelo y con las expresiones propuestas.

a casa de Julián — he perdido mi raqueta — tengo mucho trabajo — con mis padres — clase de inglés

1. ¿**Quieres** ir al cine el sábado?
   Lo siento, no **puedo**, el sábado voy **a casa de Julián.**
2. ¿________ venir a casa a ver el partido de fútbol en la tele esta tarde?
   No gracias, no ________, esta tarde tengo ________
3. ¿________ cenar en casa el sábado?
   No ________, el sábado ceno ________
4. ¿________ jugar al tenis mañana?
   Lo siento, no ________, ________
5. ¿________ escuchar este CD?
   Ahora no ________, lo siento. ________

6 ¿De qué están hablando? Relacione. Luego, transforme las frases según el modelo.

1	2	3	4	5
el periódico	unas fotos	la paella	unos amigos	las noticias

¡Qué hambre! ¿Puedo probarla? **3** **¿La puedo probar?**
Quiero leerlo. ¿Puedo cogerlo? ___ ________
Podéis verlas en la tele. ___ ________
Queremos hablar con ellos, podemos invitarles a cenar. ___ ________
¿Quieren verlas? Son de la fiesta del domingo pasado. ___ ________

7 a. Relacione y complete las frases con un pronombre personal.

lo se me le te nos

No sé hacer los ejercicios, •	• ________ podéis llamar a las tres.
Hoy hay partido en la tele, •	• ________ puedes ir.
Si has terminado el examen •	• ________ puedes mandar e-mails.
Julia y Bea están cansadas, •	• ________ quieren sentar.
Mañana estamos en casa, •	• ¿**me** puede ayudar?
Alicia ya tiene Internet, •	• ________ quiero ver.

b. Transforme las frases anteriores.

¿Puede ayudarme? ________
________ ________
________ ________

PRESENTE DE INDICATIVO, verbos irregulares (1)

EN LA BIBLIOTECA DE LA UNIVERSIDAD

Bernardo: Buenos días, no encuentro *La colmena*, de Camilo José Cela.
Bibliotecaria: A ver… Está en la estantería 26. Sigues por este pasillo y es la tercera estantería a la derecha.
Bernardo: Gracias.
Bibliotecaria: ¿Quieres leerlo aquí?
Bernardo: No, prefiero leerlo en casa.
Bibliotecaria: Muy bien, ¿puedes rellenar este impreso?
Bernardo: Sí, claro.

Sara: ¿Has terminado el trabajo de inglés?
Emilio: Sí, ¿y tú?
Sara: No, no entiendo los ejercicios de gramática. ¿Me ayudas?
Emilio: Vale.
Sara: ¿Para qué sirve la forma en *–ing*? Es que no me acuerdo.
Emilio: Para formar el presente continuo.
Sara: ¿También has terminado la traducción?
Emilio: Sí.
Sara: Yo no, es muy difícil.
Emilio: Toma, te recomiendo este diccionario, es muy bueno.
Sara: Gracias. Oye, ¿el lunes a qué hora empieza el examen de filosofía?
Emilio: A las tres y media. Bueno, ¿nos vamos? La biblioteca cierra dentro de diez minutos.
Sara: No puedo, no he terminado.
Emilio: Pues mañana vuelves.
Sara: ¿Y por qué no me ayudas?
Emilio: Bueno, vale.

	CERRAR	ENTENDER	PREFERIR
yo	*cierro*	*entiendo*	*prefiero*
tú	*cierras*	*entiendes*	*prefieres*
usted, él, ella	*cierra*	*entiende*	*prefiere*
nosotros/as	*cerramos*	*entendemos*	*preferimos*
vosotros/as	*cerráis*	*entendéis*	*preferís*
ustedes, ellos, ellas	*cierran*	*entienden*	*prefieren*

- **Otros verbos -AR:** acertar, calentar, comenzar, despertarse, empezar, fregar, merendar, pensar, recomendar, sentarse...
  -ER: encender, defender, perder, querer...
  -IR: divertirse, mentir...

☞ *nevar: nieva*
helar: hiela

	ENCONTRAR	VOLVER	DORMIR
yo	*encuentro*	*vuelvo*	*duermo*
tú	*encuentras*	*vuelves*	*duermes*
usted, él, ella	*encuentra*	*vuelve*	*duerme*
nosotros/as	*encontramos*	*volvemos*	*dormimos*
vosotros/as	*encontráis*	*volvéis*	*dormís*
ustedes, ellos, ellas	*encuentran*	*vuelven*	*duermen*

JUGAR
juego
juegas
juega
jugamos
jugáis
juegan

- **Otros verbos -AR:** acostarse, acordarse, aprobar, comprobar, contar, costar, probar, recordar, sonar, soñar...
  -ER: devolver, mover, poder...

☞ *torcer: tuerzo, tuerces...*
llover: llueve
doler: duele, duelen

	PEDIR
yo	*pido*
tú	*pides*
usted, él, ella	*pide*
nosotros/as	*pedimos*
vosotros/as	*pedís*
ustedes, ellos, ellas	*piden*

☞
- *corregir* — *corrijo, corriges...*
- *elegir* — *elijo, eliges...*
- *seguir* — *sigo, sigues...*
- *sonreír* — *sonrío, sonríes, sonríe, sonreímos, sonreís, sonríen*
- *reír* — *río, ríes, ríe, reímos, reís, ríen*

- **Otros verbos** despedirse, medir, repetir, servir, vestirse...

– Querer, poder → Ver página 35

1 Conjugue los verbos y complete el crucigrama.

1. repetir, nosotros
2. pedir, yo
3. cerrar, ella
4. contar, él
5. defender, ellos
6. entender, usted
7. corregir, yo
8. comprobar, vosostros
9. querer, nosotros
10. seguir, yo
11. sonreír, ellos
12. devolver, yo
13. jugar, él
14. medir, yo
15. pensar, usted
16. querer, tú
17. dormir, yo
18. repetir, usted
19. recomendar, tú
20. cerrar, vosotros
21. perder, él
22. pedir, nosotros
23. recordar, yo
24. seguir, ellas
25. preferir, tú
26. volver, nosotros
27. elegir, yo
28. encontrar, ellos

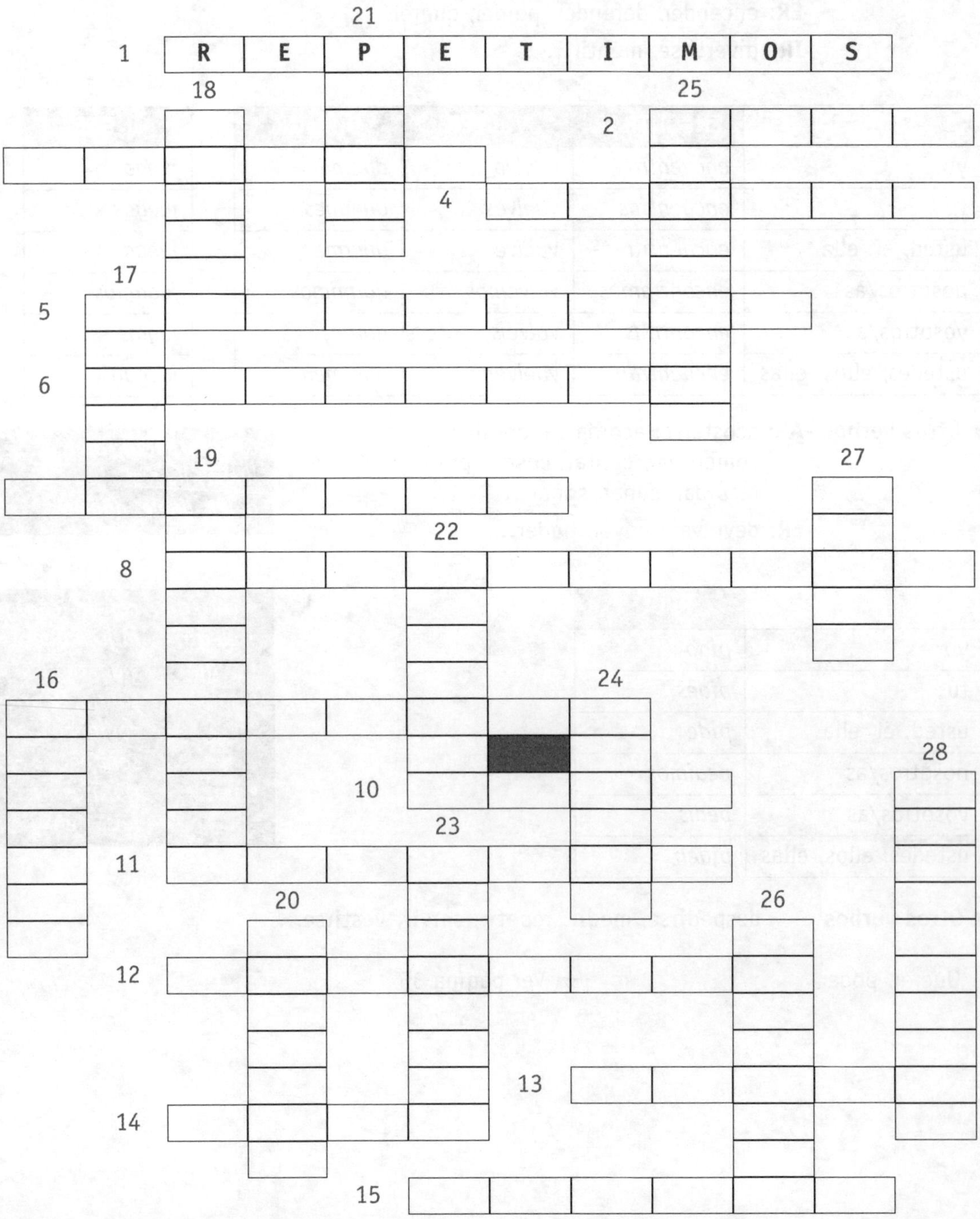

2 **Localice las formas. Clasifique los infinitivos y escriba la persona.**

(cierran)cuentarecuerdancorrijoprefieromeriendanrepitepierdoeligespruebas
mientenquierespiensovuelveduermensirvesquieropiensasencuentramiden

o > ue	e > ie	e > i
	cerrar (ellos, ellas, ustedes)	

3 **Conjugue los verbos y relacione.**

¿A qué hora **empieza** (empezar) el partido?

¿______ (querer, tú) una cerveza?

¿______ (calentar, yo) la cena?

¿Cuánto ______ (costar) los pantalones?

¿Dónde está la calle Huertas?

¿Te gusta la fiesta?

¿Cuál es el teléfono de Pablo?

- Cincuenta euros.
- No, ______ (preferir, yo) un zumo de naranja.
- No sé, no ______ (acordarse, yo).
- ______ (seguir, tú) recto y ______ (torcer, tú) a la derecha.
- A las nueve y media.
- Sí, ______ (divertirse, yo) mucho.
- Sí, tengo hambre.

4 **Transforme las frases según el modelo.**

1. Vuelvo a las cinco. NOSOTROS **volvemos a las cinco.**
2. Corregimos los ejercicios. USTED ______
3. Se despierta a las siete. VOSOTROS ______
4. Servís el café. TÚ ______
5. Encendemos la luz. ELLOS ______

5 **Elija y conjugue los verbos.**

cerrar
aprobar
entender
probarse
acostarse
llover
jugar
servir

Se prueba (ella) una falda.

______ (tú) los exámenes.

______ (yo) la ventana.

¿Te ______ (yo) más gazpacho?

En Galicia ______ mucho en otoño.

Los sábados ______ (nosotros) tarde.

No ______ (ellos) la pregunta.

______ (Uds.) al tenis los martes.

EN LA ESTACIÓN

Andrea: Sí, ¿dígame?
Manuel: Hola Andrea, soy Manuel.
Andrea: ¿Diga?
Manuel: Andrea, ¿me oyes? Soy Manuel.
Andrea: ¿Samuel? No conozco a ningún Samuel.
Manuel: Que no… soy Manuel.
Andrea: ¡Manuel, hombre! ¿Dónde estás?
Manuel: En la estación.
Andrea: ¿Qué dices? Te oigo muy mal.
Manuel: Estoy en la estación, ¿vienes a recogerme?
Andrea: Vale, vale. Salgo ahora mismo. Adiós.

Vigilante: ¿Me da su billete?
Concha: Sí. ¿Pongo las maletas en la cinta?
Vigilante: Tiene que poner el bolso, también.
Concha: ¿Sabe de qué andén sale el AVE a Sevilla?
Vigilante: No, no sé, pregunte en Información.
Concha: ¿Dónde está? No veo el mostrador.
Vigilante: Está ahí, a la derecha.

	DAR	CONOCER	DECIR
yo	*doy*	*conozco*	*digo*
tú	*das*	*conoces*	*dices*
usted, él, ella	*da*	*conoce*	*dice*
nosotros/as	*damos*	*conocemos*	*decimos*
vosotros/as	*dais*	*conocéis*	*decís*
ustedes, ellos, ellas	*dan*	*conocen*	*dicen*

	HACER	IR	OÍR
yo	*hago*	*voy*	*oigo*
tú	*haces*	*vas*	*oyes*
usted, él, ella	*hace*	*va*	*oye*
nosotros/as	*hacemos*	*vamos*	*oímos*
vosotros/as	*hacéis*	*vais*	*oís*
ustedes, ellos, ellas	*hacen*	*van*	*oyen*

	PONER	SABER	SALIR
yo	*pongo*	*sé*	*salgo*
tú	*pones*	*sabes*	*sales*
usted, él, ella	*pone*	*sabe*	*sale*
nosotros/as	*ponemos*	*sabemos*	*salimos*
vosotros/as	*ponéis*	*sabéis*	*salís*
ustedes, ellos, ellas	*ponen*	*saben*	*salen*

	TENER	VENIR	VER
yo	*tengo*	*vengo*	*veo*
tú	*tienes*	*vienes*	*ves*
usted, él, ella	*tiene*	*viene*	*ve*
nosotros/as	*tenemos*	*venimos*	*vemos*
vosotros/as	*tenéis*	*venís*	*veis*
ustedes, ellos, ellas	*tienen*	*vienen*	*ven*

- Ser y estar → Ver página 23
- Ir a + infinitivo → Ver página 51
- Estar + gerundio → Ver página 55
- Tener que + infinitivo → Ver página 59

1 **Coloque los pequeños cuadros en la sopa de letras y lea, horizontalmente, 16 formas. Escriba los infinitivos de cada una.**

L	G	O
E	N	■

C	O	N
N	■	T

T	E
V	I

V	E
D	I

O	N
Y	■

O	■
C	E

N	E
A	S

T	E	N	G	O	■	H	A	G		
V	I	E	N	E	N	■	D	I		
S	A				■	P			G	O
O	Y				V	O			S	É
		O	■				O	Z	C	O
		C	E				I	E		
V	A	■	O	I	G	O	■	V		

Tener, ______________________________

____

2 **Localice las formas.**

SALGOVEOTIENEVANSÉHACÉISHAGOOYESDAISDICEVESALÍSPONEMOSSALENTIENESVIENENCONOCÉISSABEMOS

dar, vosotros	salir, yo
salir, vosotros	oír, tú
ver, yo	conocer, vosotros
tener, Ud.	decir, él
venir, ellas	ir, ellos
saber, yo	ver, ella
hacer, vosotros	saber, nosotros
poner, nosotros	hacer, yo
tener, tú	salir, Uds.

3 **Conjugue.**

Dar, yo **doy**	Ir, ellos ______
Ver, él ______	Tener, nosotros ______
Concocer, vosotros ______	Saber, yo ______
Venir, tú ______	Dar, ella ______
Decir, ellos ______	Hacer, yo ______
Salir, vosotros ______	Venir, ellos ______
Oír, tú ______	Oír, yo ______

4 Transforme el texto según el modelo.

Hola, me llamo Juan. Tengo treinta años. Los sábados por la mañana voy al gimnasio y hago deporte. Luego, doy una vuelta por el parque con mi perro. Por la tarde, veo la tele. Por la noche, salgo con mis amigos, vamos al pub Las Cañas porque conozco a todo el mundo.

Se llama Juan. Tiene treinta años. Los sábados ______________________________

____

____

____

5 Relacione y conjugue los verbos.

¿ **Tienes** (Tener, tú) hora?	• No, no ______ (saber, yo), lo siento.
No ______ (conocer, yo) a este chico, ¿quién es?	• ______ (Salir, nosotros) a las seis y media.
¿Qué ______ (hacer, Ud.) después de cenar?	• ______ (Ver, yo) la tele.
¿______ (Saber, tú) dónde hay una farmacia?	• Sí, son las dos y media.
¿Qué ______ (hacer, vosotros) los sábados por la noche.	• Sobre la mesa.
¿A qué hora ______ (salir, Uds.) del trabajo?	• Es un amigo de la universidad.
¿Dónde ______ (poner, yo) los libros?	• ______ (Ir, nosotros) de copas.

6 Complete las frases con los verbos de la lista.

hacer (yo) – tener (tú) – poner (yo) – ir (nosotros) – salir (ellos) – venir (Ud.) – saber (yo) – ver (ellos)

- ¿ **Hago** paella para la cena?
- Los domingos ______ con sus amigos.
- Mis padres ______ el partido de fútbol en la tele.
- ¿De dónde ______? — Del mercado.
- ¿______ a casa de Julia mañana?
- ______ hablar español y francés.
- ¿Cuántos años ______?
- ¿______ la tele? Hay una película.

COMENTANDO LA VISITA A LA CIUDAD

Julio y Cristina están en Sevilla, en casa de unos amigos.
Hoy han visitado los principales monumentos de la ciudad.

David:	Bueno, ¿os gusta Sevilla?
Cristina:	Me encanta, es una ciudad preciosa.
Carmen:	¿Y qué habéis hecho?
Julio:	Andar, andar y andar... Primero, hemos ido a la Plaza de España.
Cristina:	Es una maravilla. Me gustan mucho los puentes, son muy bonitos. Luego hemos ido a comer a un restaurante del barrio de Santa Cruz.
Julio:	Sí, a comer gazpacho y marisco. Me encantan los mejillones.
Carmen:	¿Y por la tarde?
Julio:	Andar, andar y andar otra vez.
Cristina:	Hemos visto la catedral y luego el museo de Bellas Artes. Me encanta ver museos.
Julio:	Pues a mí no me interesan los museos.
Cristina:	Después hemos paseado por el centro.
Julio:	Sí, andar y andar; total, ahora estoy cansado.
Carmen:	¿Te gusta el flamenco?
Julio:	¡Me encanta!
David:	Bueno, pues ahora vais a ver lo más típico de la ciudad, un tablao flamenco.
Julio:	¿¿Ahora?? Es que estoy cansado.
Cristina:	Ni qué ni nada...¡Venga Julio, anímate! ¡No hemos venido a Sevilla a dormir!
Carmen:	Tranquilo, hombre, ¡que vamos en coche!

GUSTAR, ENCANTAR

(A mí)	me	gusta	el gazpacho, la playa.
(A ti)	te	encanta	bailar, leer, escribir.
(A Ud. / él / ella)	le		
(A nosotros/as)	nos	gustan	los mejillones.
(A vosotros/as)	os	encantan	las películas de acción.
(A Uds. / ellos / ellas)	les		

Usos

- Expresar gustos:
  Me gusta mucho esta plaza.
  Me encantan los tablaos flamencos.
  Me encanta ver museos.

Me encanta(n).
Me gusta(n) muchísimo.
Me gusta(n) mucho.
Me gusta(n).
No me gusta(n) mucho.
No me gusta(n).
No me gusta(n) nada.

INTERESAR

(A mí)	(no) me	interesa	el deporte.
(A ti)	(no) te		la pintura.
(A Ud. / él / ella)	(no) le		
(A nosotros/as)	(no) nos	interesan	los museos.
(A vosotros/as)	(no) os		las exposiciones.
(A Uds. / ellos / ellas)	(no) les		

Usos

- Expresar interés por algo (una actividad, un tema...):
  Me interesan los museos.

MOSTRAR ACUERDO Y DESACUERDO

ACUERDO		DESACUERDO	
☺ *Me gusta(n)...* *Me interesa(n)...*	*A mí también.* ☺	☺ *Me gusta(n)...* *Me interesa(n)...*	*A mí no.* ☹
☹ *No me gusta(n)...* *No me interesa(n)...*	*A mí tampoco.* ☹	☹ *No me gusta(n)...* *No me interesa(n)...*	*A mí sí.* ☺

1 **Copie las palabras en la columna correcta.**

ver exposiciones   el arte moderno   los gatos   los deportes   la música clásica
las fresas   los cuadros de Picasso   el baloncesto   las verduras   la comida española
fregar los platos   el flamenco   los pantalones de campana   viajar en tren
las canciones de Joaquín Sabina   navegar por Internet

A Alberto le gusta...	A nosotros no nos gustan...
ver exposiciones,	

2 **Forme 16 frases con un elemento de cada columna.**

		las películas de acción.
A Juan	no nos gusta	el cine.
A mis amigos	le encanta	la música.
A nosotros	te gusta	leer.
A ti	me encantan	los animales.
A mí	les gustan	esquiar.

1. **A Juan le encanta el cine.**
2. **A Juan le encanta esquiar.**
3.
4.
5.
6.
7.
8.
9.
10.
11.
12.
13.
14.
15.
16.

3 **Ordene las palabras.**

1. fútbol./gusta/No/el/me/mucho **No me gusta mucho el fútbol.**
2. le/deportes./A/los/Alfonso/interesan
3. encanta/A/al/usted/tenis./le/jugar
4. novelas/nos/No/gustan/policíacas./las
5. interesa/literatura./ti/A/te/la
6. sábados./me/trabajar/No/gusta/nada/los
7. la/Me/patatas./encanta/de/tortilla
8. amigos/niños./A/gustan/mis/les/los

4 **Complete las frases con los pronombres** me, te, le, nos, os, les y a/an.

1. A mí <u>me</u> interes<u>a</u> mucho el cine.
2. ¿A usted _____ gust__ el gazpacho.
3. A ti _____ gust__ los gatos.
4. A Pedro _____ interes__ los deportes.
5. A nosotros no _____ gust__ las judías verdes.
6. A ellas _____ gust__ mucho ir de copas.
7. ¿A vosotros _____ gust__ las películas de terror?
8. A vosotros _____ encant__ jugar al baloncesto.
9. A mí no _____ gust__ nada la lluvia.
10. A ti _____ encant__ visitar monumentos.
11. A Elena _____ interes__ la poesía.
12. A mis amigas _____ gust__ las obras de teatro.

5 **Complete las respuestas de Félix con** A mí también, A mí tampoco, A mí sí, A mí no.

María

☺	☹
las ciencias el surf	los perros bailar

Félix

☹	☺
las ciencias bailar	los perros el surf

Me gustan las ciencias. — 1. **A mí no.** ______________

No me gustan los perros. — 2. ______________

Me gusta el surf. — 3. ______________

No me gusta bailar. — 4. ______________

6 **Forme frases según los modelos. Use** Me encanta(n), Me gusta(n), No me gusta(n).

1. Este actor es muy bueno. → **Me encanta este actor.**
2. Tus zapatos son bonitos. → **Me gustan tus zapatos.**
3. La sopa está mala. → **No me gusta la sopa.**
4. Esta película es mala. → ______________
5. Tu chaqueta es elegante. → ______________
6. Tu vestido es muy bonito. → ______________
7. Estos pantalones son feos. → ______________
8. Esta ciudad es agradable. → ______________
9. Estos libros son muy interesantes. → ______________

7 **Termine las frases y ponga los verbos en la forma correcta.**

No quiero ver esta película •	• porque (encantar) __________ tomar el sol.
Vamos a la playa •	• porque (interesar) __________ la pintura.
Los niños van al zoo •	• porque (gustar) __________ mucho los animales.
Vais al museo •	• porque no (gustar) <u>**me gustan**</u> los actores.
Carlos estudia inglés •	• porque (gustar) __________ los idiomas.

12 IR A + INFINITIVO

EN LA TERRAZA DE UN CAFÉ

Susana: Yo voy a pedir una cerveza, ¿y tú?

Elena: Un cortado.

Susana: ¿Cuándo vais a coger las vacaciones, Ernesto y tú?

Elena: En agosto, como todos los años. La primera semana vamos a alquilar una casa en el campo. Y la segunda, vamos a hacer una excursión en los Pirineos; nos encanta la naturaleza.

Susana: Pues yo, este año las voy a coger en septiembre. Voy a ir a Italia con unos amigos.

Elena: ¿A Italia? ¡Qué suerte!

Susana: Sí, vamos a visitar Florencia, Roma, Venecia…

Elena: Pero tú no hablas italiano.

Susana: No, pero voy a aprender; en julio voy a hacer un cursillo intensivo de quince días en la Escuela Oficial de Idiomas.

Manuel: ¿Has visto la última película de Javier Bardén?

Víctor: No, voy a verla el domingo por la tarde con Jaime.

Manuel: Pues yo, el domingo, voy a quedarme en casa, voy a estudiar todo el día y voy a acostarme pronto; el lunes tengo los exámenes finales.

Víctor: Este año terminas la carrera. ¿Qué vas a hacer si apruebas?

Manuel: Pues en julio voy a trabajar en una agencia de publicidad y, en agosto, voy a empezar un máster en marketing.

Víctor: Y tú, ¿nunca sales, nunca descansas?

Manuel: Sí, claro. Mira, ¡nos vamos a sentar y me vas a invitar a un café!

	IR A + INFINITIVO		
yo	*voy*		*visitar*
tú	*vas*		*trabajar*
usted, él, ella	*va*	*a*	*ver*
nosotros/as	*vamos*		*hacer*
vosotros/as	*vais*		*pedir*
ustedes, ellos, ellas	*van*		*ir*

☞ **Se usa con:**
- Hoy
- A las dos/tres/cuatro...
- Después de cenar, después del trabajo...
- Esta mañana, esta tarde, este mediodía, esta noche
- Esta semana, este fin de semana, este mes, este año, estas vacaciones, este verano/otoño...
- Mañana, el lunes/martes/miércoles...
- En enero/febrero...
- La semana que viene, el mes que viene...

USOS

- Contar acciones inmediatas:
  Voy a pedir una cerveza.
  Nos vamos a sentar.
  Me vas a invitar.
- Expresar planes y proyectos:
  Vamos a alquilar una casa.
  Vamos a visitar Florencia.
  Voy a estudiar.
  ¿Qué vas a hacer si apruebas?

USOS CON PRONOMBRES PERSONALES

- reflexivos	me te se nos os se	
- de objeto directo	me te le/lo/la nos os les/los/las	→ Ver página 91
- de objeto indirecto	me te le nos os les	→ Ver página 91

Los pronombres personales pueden ir:

- antes de *ir*:
  Me voy a quedar en casa.
  Nos vamos a sentar.

La película	*La voy a ver el sábado.*
Las vacaciones	*Las voy a coger en septiembre.*
	Me vas a invitar a un café.
A él	*Le voy a escribir un e-mail.*
A ti	*Te voy a mandar una postal.*

- después del infinitivo y formando una sola palabra:
  Voy a quedarme en casa.
  Vamos a sentarnos.

La película	*Voy a verla el sábado.*
Las vacaciones	*Voy a cogerlas en septiembre.*
	Vas a invitarme a un café.
A él	*Voy a escribirle un e-mail.*
A ti	*Voy a mandarte una postal.*

1 Localice los verbos y complete las frases según el modelo.

	1	2	3	4	5
a	visitar	terminar	cenar	ir	ver
b	llamar	comer	leer	hacer	salir

1. El sábado (nosotros, a/3) **vamos a cenar** en un restaurante chino.
2. La semana que viene (tú, b/1) ______________________ a Julio.
3. Este mediodía (yo, b/2) ______________________ con un amigo.
4. Este verano (Ud., a/1) ______________________ Roma.
5. Esta noche (vosotros, a/5) ______________________ una película.
6. El año que viene (yo, b/4) ______________________ un máster en Estados Unidos.
7. Esta tarde (Sofía, a/2) ______________________ los ejercicios.
8. En agosto (nosotros, a/4) ______________________ a la playa.
9. Hoy (Lucas y Antonio, b/5) ______________________ pronto del trabajo.
10. Después de comer (yo, b/3) ______________________ el periódico.

2 Complete los diálogos con los verbos de la lista.

estudiar   invitar   hacer   comprar   coger   ir   visitar

— ¿Vas a **estudiar** este fin de semana? — Sí, el lunes tengo un examen.

— ¿Con quién vas a ______________ al concierto, el sábado? — Con María.

— ¿Qué va a ______________ en París? — Voy a ______________ el Louvre.

— ¿El sábado es tu cumpleaños? — Sí, y voy a ______________ a todos mis amigos.

— ¿Cómo vais a ir a Zaragoza? — ¿Vamos a ______________ el AVE.

— ¿Vas a la pastelería? — Sí, voy a ______________ una tarta.

3 Observe la agenda de Patricia. ¿Qué va a hacer el miércoles?

llamar   llegar   ir
visitar   preparar   tener
cenar   comer   salir

MIÉRCOLES 22 DE ABRIL	
MAÑANA	TARDE
09:00 Preparación visita a Bilbao	15:20 Aeropuerto (Bilbao) (Salida 15:50 llegada 17:00)
10:00 Reunión con los comerciales	17:45 Visita nuevas oficinas de Bilbao
12:00 Julián Cobos 91 5632278	21:00 Cena con el nuevo director
14:00 Comida con Pedro Montes	

A las nueve **va a preparar** su visita a Bilbao. A las diez ______________ una reunión con los comerciales. A las doce ______________ a Julián Cobos. A las dos ______________ con Pedro Montes. A las tres y veinte ______________ al aeropuerto. ______________ a las cuatro menos diez y ______________ a las cinco. A las seis menos cuarto ______________ las nuevas oficinas de Bilbao. A las nueve ______________ con el nuevo director.

4 Relacione y escriba frases.

Mi coche no funciona. •	• llamar al médico	______
Estás cansada. •	• ir al cine	______
Julia está enferma. •	• coger el metro	**Mi coche no funciona, voy a coger el metro.**
Hoy no trabajamos. •	• comer un bocadillo	______
Tienen hambre. •	• visitar el Prado	______
Estáis en Madrid. •	• descansar	______

5 Transforme las frases según los modelos.

1. Voy a sentarme. **Me voy a sentar.**
2. Vas a acostarte. ______
3. Va a quedarse. ______
4. Vamos a bañarnos. ______
5. Vais a acostaros. ______
6. Van a vestirse. ______
7. Me voy a divertir. **Voy a divertirme.**
8. Te vas a levantar. ______
9. Se va a peinar. ______
10. Nos vamos a ir. ______
11. Os vais a aburrir. ______
12. Se van a casar. ______

6 Ordene los verbos y escriba el texto.

desayunar   ir al trabajo   volver a casa muy tarde   comer
jugar al tenis a las 17:15   acostarse   trabajar hasta las 17:00
ducharse   cenar   levantarse   ir de copas con sus amigos

Mañana es viernes, Raúl **va a levantarse / se va a levantar.** ______

______

______

______

______

7 Conteste afirmativamente. Use un pronombre complemento directo o indirecto.

1. ¿Va a leer el libro? **Sí, lo voy a leer.** / **Sí, voy a leerlo.**
2. ¿Va a llamar a Juan? ______ / ______
3. ¿Va a escribir las cartas? ______ / ______
4. ¿Va a enviar los e-mails? ______ / ______
5. ¿Va a escribir un e-mail al director? **Sí, le voy a escribir / voy a escribirle un e-mail.**
6. ¿Va a comprar flores a Lara por su santo? ______ / ______
7. ¿Va a enviar una postal a sus padres? ______ / ______
8. ¿Va a enseñar su casa a sus amigas? ______ / ______

EN LA PLAYA

Natalia:	¿Sí, dígame?
Paula:	Hola, soy Paula.
Natalia:	Hola, ¿qué tal?
Paula:	No he parado en todo el día, ahora estoy preparando unos bocadillos y unos refrescos para el viaje.
Miguel:	¡Paula!
Natalia:	¿Cuándo salís?
Paula:	Dentro de un rato, Clara todavía no está lista, está vistiéndose. ¿Y tú, qué tal?
Natalia:	Muy bien. Estoy tomando el sol, hace un tiempo fenomenal.
Paula:	¡Qué envidia! Aquí está lloviendo. Y Ramón, ¿qué está haciendo?
Natalia:	Se está bañando.
Miguel:	¡Paula!
Paula:	¿Y los niños?
Natalia:	Pues Daniel está leyendo, Alicia está escribiendo postales a sus amigas del instituto y el perro está durmiendo. ¿Has hecho ya las maletas?
Paula:	Sí, Miguel las está metiendo en el coche.
Natalia:	¿A qué hora llegáis?
Paula:	A las siete o siete y media, según el tráfico.
Miguel:	Paula, ¿puedes venir un momento?
Paula:	Oye, te dejo, que me está llamando Miguel. Hasta luego.
Natalia:	Hasta luego, un beso.

	ESTAR + GERUNDIO	
yo	*estoy*	
tú	*estás*	*llamar* → *llamando*
usted, él, ella	*está*	*hacer* → *haciendo*
nosotros/as	*estamos*	*escribir* → *escribiendo*
vosotros/as	*estáis*	
ustedes, ellos, ellas	*están*	

Gerundios irregulares

- decir — diciendo (1)
- dormir — durmiendo
- ir — yendo
- leer — leyendo
- oír — oyendo
- reír — riendo
- sonreír — sonriendo

Otros verbos

(1) corregir, despedirse, divertirse, elegir, medir, mentir, pedir, repetir, seguir, servir, vestirse...

USOS

- Hablar de acciones que se realizan en el momento en que hablamos:
  Estoy preparando unos bocadillos.
  Daniel está leyendo.
  El perro está durmiendo.

USOS CON PRONOMBRES PERSONALES

- reflexivos — me te se nos os se
- de objeto directo — me te le/lo/la nos os les/los/las → Ver página 91
- de objeto indirecto — me te le nos os les → Ver página 91

Los pronombres personales pueden ir:

- antes de *estar*:
  Me estoy levantando.
  Juan se está duchando.
  El CD — *Lo estoy escuchando.*
  A él — *Le estoy escribiendo un e-mail.*
- después del gerundio y formando una sola palabra:
  Estoy levantándome.
  Juan está duchándose.
  El CD — *Estoy escuchándolo.*
  A él — *Estoy escribiéndole un e-mail.*

☞ Cuando añadimos un pronombre personal al **gerundio**, tenemos que poner una **tilde** en la vocal de la **antepenúltima sílaba**.

La estás mirando.	*Estás mirándola.*
Se están vistiendo.	*Están vistiéndose.*
Te estamos esperando.	*Estamos esperándote.*
Les estamos escribiendo.	*Estamos escribiéndoles.*

1 Escriba los gerundios.

esperar **esperando**	poner ________
seguir ________	andar ________
ver ________	subir ________
hablar ________	leer ________
dormir ________	reír ________
salir ________	repetir ________
hacer ________	beber ________

2 Complete las frases con los verbos de la lista en la forma estar + gerundio.

ver	• Juan **está tomando** una cerveza en una cafetería.
esperar	• (Nosotros) ________ las noticias en la tele.
pasear	• (Ud.) ________ el periódico.
tomar	• (Vosotros) ________ el autobús.
comer	• (Yo) ________ al fútbol con mis amigos.
jugar	• (Tú) ________ por el parque.
hacer	• Los estudiantes ________ un examen.
leer	• Sofía ________ en el restaurante.

3 Conteste a las preguntas con los verbos de la lista, según el modelo.

leer un informe — servir un café — preparar una reunión — corregir los ejercicios
visitar un museo — escribir un artículo — cuidar a un enfermo — atender a un cliente

¿Qué está haciendo la camarera?
1. **Está sirviendo un café.**
8. ________
¿Qué está haciendo el director?
¿Qué está haciendo la enfermera?
2. ________
¿Qué está haciendo el periodista?
7. ________
3. ________
¿Qué está haciendo la secretaria?
5. ________
¿Qué está haciendo el profesor?
¿Qué están haciendo los turistas?
4. ________
¿Qué está haciendo la dependienta?
6. ________

4 **Relacione y escriba frases.**

El director/trabajar •	• fotocopias	
La telefonista/contestar •	• en su cuna	
La secretaria/hacer •	• en su despacho	**El director está trabajando en su despacho.**
Los viajeros/subir •	• al teléfono	
El bebé/dormir •	• al tren	
Mi abuelo/escuchar •	• un vestido	
La clienta/elegir •	• la radio	

5 **Cambie cada pronombre personal de posición.**

Me estoy vistiendo. → **Estoy vistiéndome.**

__________ ← Estás duchándote.

Fernando se está afeitando. → __________

__________ ← Estamos divirtiéndonos.

Os estáis peinando. → __________

__________ ← Los niños están acostándose.

6 **Forme frases según los modelos.**

Complemento directo

1. escuchar (yo) / la canción **La estoy escuchando. / Estoy escuchándola.**
2. hacer (tú) / los ejercicios __________
3. mirar (ellos) / a mí __________
4. esperar (nosotros) / a ti __________
5. escuchar (ella) / a él. __________
6. tomar (yo) / las cervezas __________

Complemento indirecto

1. escribir (yo) un e-mail a Pedro **Le estoy escribiendo un e-mail.** **Estoy escribiéndole un e-mail.**
2. explicar (Ud.) el ejercicio a nosotros __________
3. pedir (tú) la cuenta a la camarera __________
4. enseñar (él) la casa a unos amigos __________
5. hacer (ella) una pregunta a mí __________
6. servir (yo) una cerveza a ti __________

14 Expresar obligación y necesidad, HAY QUE / TENER QUE + infinitivo

PARA TENER UNA CUENTA DE CORREO ELECTRÓNICO

Marina:	¿Para tener una cuenta de correo electrónico hay que pagar?
Ramón:	No, es gratuito.
Marina:	¿Y qué hay que hacer?
Ramón:	Yo tengo una en Wanadoo; si quieres, te enseño.
Marina:	Vale.
Ramón:	Pues mira, es muy sencillo. Primero tienes que entrar en wanadoo.es.
Marina:	www.wanadoo.es, ya está, ¿y ahora?
Ramón:	Tienes que hacer clic en "Correo", aquí, en el icono del sobre.
Marina:	Vale.
Ramón:	Ahora tienes que registrarte: pinchas en el botón "Quiero registrarme". Va a aparecer una página con campos, los tienes que completar todos.
Marina:	Oye, ¿qué es la contraseña?
Ramón:	Es tu código secreto. La tienes que teclear cada vez que entras en tu correo; como sólo tú la conoces, sólo tú puedes entrar.
Marina:	Ah... Vale. ¿En esta cuenta puedo recibir muchos mensajes?
Ramón:	Tiene dos megas de capacidad.
Marina:	Y ahora, ¿qué tengo que hacer?
Ramón:	¿Ahora? Tienes que invitarme a una cerveza!

TENER QUE + INFINITIVO

	TENER QUE + INFINITIVO		
yo	*tengo*		*escuchar*
tú	*tienes*		*esperar*
usted, él, ella	*tiene*	*que*	*volver*
nosotros/as	*tenemos*		*ver*
vosotros/as	*tenéis*		*salir*
ustedes, ellos, ellas	*tienen*		*escribir*

Usos

- Expresa obligación o necesidad **personal**:
  Tienes que registrarte.
  Tienes que teclear la contraseña.

Usos con pronombres personales

- reflexivos — me te se nos os se
- de objeto directto — me te le/lo/la nos os les/los/las → Ver página 91
- de objeto indirecto — me te le nos os les → Ver página 91

Los pronombres personales pueden ir

- antes de *tener*:
  Me tengo que registrar.
  Te tienes que quedar aquí.

La contraseña	*La tengo que teclear.*
Mis datos	*Los tengo que escribir.*
A él	*Le tienes que dar las explicaciones.*
A mí	*Me tienes que explicar el funcionamiento del correo.*

- después del infinitivo y formando una sola palabra:
  Tengo que registrarme.
  Tienes que quedarte aquí.

La contraseña	*Tengo que teclearla.*
Mis datos	*Tengo que escribirlos.*
A él	*Tienes que darle las explicaciones.*
A mí	*Tienes que explicarme el funcionamiento del correo.*

HAY QUE + INFINITIVO

Usos

- Expresa obligación o necesidad **general**:
  ¿Qué hay que hacer para tener una cuenta de correo electrónico?
  ¿Hay que pagar?

1 Relacione.

Antes de subir el avion •	• hay que comprar un billete.
Para estar en forma •	• hay que leer los anuncios.
Antes de coger el autobús •	• hay que llamar a los bomberos.
Para encontrar trabajo •	• hay que facturar el equipaje.
Si hay un incendio •	• hay que practicar deporte.

2 Relacione cada recomendación con el lugar correpondiente.

coger un carrito   hacer cola   llamar al camarero
ponerse el cinturón   esperar   hablar en voz baja

en una biblioteca	Hay que **hablar en voz baja.**
en un supermercado	Hay que ________
en las taquillas del cine	Hay que ________
en una parada de autobús	Hay que ________
en un restaurante	Hay que ________
en un coche	Hay que ________

3 Complete las frases con los verbos de la lista.

dormir   practicar   ahorrar   usar   plantar   proteger   reciclar   beber   comer

• Para salvar el medio ambiente, hay que **reciclar** el papel, ________ energía, ________ a los animales, ________ la energía solar y ________ árboles.

• Para estar en forma, hay que ________ deporte, ________ mucha verdura, ________ ocho horas diarias y ________ dos litros de agua al día.

4 Ordene los pasos de las instrucciones para sacar dinero de un cajero automático.

____ A continuación hay que introducir el código secreto.

____ Luego, hay que recordar el código secreto.

____ Finalmente, hay que coger el dinero, la tarjeta y el tiket.

____ Después, hay que escribir el importe deseado.

____ Seguidamente hay que pulsar la tecla ACEPTAR.

____ teclear el nuevo importe.

____ En caso de error, hay que pulsar la tecla ANULAR y

__1__ Primero hay que insertar la tarjeta.

5 Relacione y complete las frases con el verbo tener que en la forma correcta.

Está lloviendo, •	• ______________ acostarse y dormir.
La nevera está vacía, •	• (tú) ______________ ir al supermercado.
El martes tengo un examen, •	• (vosotros) ______________ esperar.
Lucía está muy cansada, •	• ______________ estudiar todo el fin de semana.
El avión tiene retraso, •	• ______________ llamar al médico.
Estoy enfermo, •	• (nosotros) __tenemos que__ coger el paraguas.

6 Complete la receta de la tortilla de patatas con los verbos de la lista.

poner añadir batir pelar mezclar echar

- • Quiero hacer una tortilla de patatas, ¿me ayudas?
- ○ Vale. Primero, tienes que __pelar__ las patatas y cortarlas en láminas finas.
- • Vale; ¿y después?
- ○ Tienes que ______________ el aceite en la sartén y freír las patatas.
- • Vale.
- ○ Después, tienes que ______________ los huevos.
- • ¿No tengo que ______________ un poco de sal?
- ○ Sí, luego tienes que ______________ las patatas con los huevos y echar la mezcla en la sartén.
- • Luego tengo que ______________ un plato sobre la sartén para dar la vuelta a la tortilla, ¿no?
- ○ Exacto. Y nada más.
- • Pues esta noche voy a hacer una. ¿Te quedas a cenar?

7 Cambie el pronombre de lugar, según el modelo.

Me tengo que ir. → __Tengo que irme.__

______________ ← Tienes que quedarte a cenar.

Álex se tiene que probar esta camisa. → ______________

______________ ← Tenemos que acostarnos pronto.

Os tenéis que levantar a las seis. → ______________

8 Forme frases según los modelos.

Complemento directo e indirecto

1. esperar (tú) / a mí __Me tienes que esperar. / Tienes que esperarme.__
2. terminar (yo) / los ejercicios ______________
3. escuchar (Ud.) / a nosotros ______________
4. mandar (yo) / un e-mail a Lola ______________
5. pedir (ella) / un favor a ti. ______________
6. dar (ellos) / una carta a vosotros ______________

15 EXPRESAR FRECUENCIA

UNA ENCUESTA

Encuestador:	Buenos días. Estoy haciendo una encuesta sobre los hábitos de los españoles. ¿Pueden contestar a unas preguntas?
Mercedes:	¿Una encuesta? No, no… Es que no tenemos tiempo.
Encuestador:	Son sólo tres o cuatro preguntas.
Mercedes:	Bueno, si son cuatro preguntas…
Encuestador:	¿Cuántas veces al mes van al restaurante?
Mercedes:	Dos veces, cuando me invita Paco.
Paco:	¡No! Cuatro veces, te invito todos los sábados.
Mercedes:	Vale, vale.
Encuestador:	¿Van al cine?
Mercedes:	Sí, vamos a menudo, dos o tres veces al mes.
Paco:	Sí, y siempre vemos películas de acción o de aventuras, nos encantan.
Encuestador:	Bien, muy bien… ¿Con qué frecuencia practican deporte?
Mercedes:	Yo voy al gimnasio dos veces por semana, cada lunes y cada jueves después del trabajo, de seis a siete y media. Voy con unas compañeras de la oficina y…
Encuestador:	Bien, muy bien… dos veces a la semana. ¿Y usted?
Paco:	Yo casi nunca, no tengo tiempo.
Mercedes:	Es que trabaja en una empresa de exportación, viaja mucho y…
Encuestador:	Ah, ah… Muy bien… ¿Dónde comen a mediodía?
Mercedes:	Normalmente como en el trabajo. Es que sólo tengo una hora para comer, bueno… vivo muy lejos del trabajo y no tengo tiempo para…
Encuestador:	Ah, ah… Pues muy bien… Muchas gracias, hemos terminado.
Mercedes:	¿Ya está?
Encuestador:	Sí, muchas gracias.

CON ADVERBIOS DE TIEMPO Y EXPRESIONES

- siempre
  Siempre vemos películas de acción.
- casi siempre
- normalmente
  Normalmente como en el trabajo.
- a menudo
  Vamos al cine a menudo.
- a veces / de vez en cuando
- casi nunca
  Casi nunca voy al gimnasio.
- nunca (→ Ver página 95)

(+ ↑ −)

☞ Normalmente también puede ir al principio de la frase:
Mercedes normalmente come en el trabajo.
Mercedes come normalmente en el trabajo.
Normalmente, Mercedes come en el trabajo.

Posición: Antes o después del **verbo**.
Mis amigos siempre ***salen*** *los sábados. Mis amigos* ***salen*** *siempre los sábados.*
Mercedes a menudo ***va*** *al gimnasio. Mercedes* ***va*** *a menudo al gimnasio.*

CON TODOS LOS / TODAS LAS + NOMBRE CADA + NOMBRE

- Todos los (+ nombre plural)
  - días
  - lunes/martes...
  - fines de semana
  - meses
  - veranos/inviernos
  - años
- Todas las (+ nombre plural)
  - mañanas
  - tardes
  - noches
  - semanas

=

- Cada (+ nombre singular)
  - día
  - lunes/martes...
  - fin de semana
  - mes
  - verano/invierno
  - año
  - mañana
  - tarde
  - noche
  - semana

Vamos al restaurante todos los sábados.

Voy al gimnasio cada jueves.

Los días de la semana
lunes
martes
miércoles
jueves
viernes
sábado
domingo

Posición: Pueden ir al principio o al final de la frase.
Cada jueves voy al gimnasio. Voy al gimnasio cada jueves.
Todos los sábados vamos al cine. Vamos al cine todos los sábados.
Todos los días como en el trabajo. Como en el trabajo todos los días.

CON UNA VEZ, DOS/TRES... VECES

- Una vez, Dos/Tres... veces, Varias/Muchas veces
  - al día — *Vamos al restaurante cuatro veces al mes.*
  - al mes — *Vamos al cine tres veces al mes.*
  - al año
  - a la semana
  - por semana — *Voy al gimnasio dos veces por semana.*

Posición: Al principio o al final de la frase.
Una vez a la semana voy al gimnasio. Voy al gimnasio una vez a la semana.
Cuatro veces al mes vamos al cine. Vamos al cine cuatro veces al mes.

1 Ordene las expresiones (+ → –).

___ Dos veces por semana.

___ Una vez al mes.

___ Cada fin de semana.

___ Tres veces al mes.

1 Todos los días.

___ Nunca.

___ Casi nunca.

___ Cada verano.

2 Normalmente, ¿con qué frecuencia se realizan estas actividades? Relacione.

	Acostarse	
Todas las noches	Comer	Todos los domingos
	Desayunar	
Varias veces al día	Irse de vacaciones	Cuatro veces al día
	No trabajar	
Una vez al año	Hablar por teléfono	Una vez al día

3 Relacione.

Nunca voy al gimnasio.	Nos encanta el sushi.
Voy a la discoteca cada sábado.	No tienes coche.
Vamos al restaurante japonés dos veces al mes.	Quiero viajar a Estados Unidos.
Lola va a la piscina tres veces por semana.	No tengo tiempo.
Siempre vas al trabajo en autobús.	Nos encanta el deporte.
Todos los miércoles voy a clases de inglés.	Me encanta bailar.
Jugamos al tenis a menudo.	Le gusta nadar.

4 Conteste a las preguntas según el modelo.

1. cenar con amigos (yo)	a menudo	Ceno con amigos a menudo.
2 viajar al extranjero (él)	todos los veranos	______
3 escuchar la radio (Ud.)	cada mañana	______
4 navegar por Internet (tú)	de vez en cuando	______
5 viajar en avión (vosotros)	cinco veces al año	______
6 leer el periódico (nosotros)	cada día	______

5 Complete las preguntas con las expresiones más adecuadas de la lista.

¿Con qué frecuencia... 1. tomas café con leche? 2. vais a la playa? 3. van al cine? 4. va a esquiar? 5. ves la tele? 6. viajas en barco?

2 Todos los veranos. ___ Todas las noches. ___ Cada mañana.

___ Tres veces al mes. ___ Nunca. ___ Todos los inviernos.

6 Complete el texto con las expresiones de la lista.

Todos los jueves   Todas las mañanas   Cada fin de semana
Todos los días   Siempre   a menudo

Todas las mañanas *me levanto a las siete. ____________ voy al trabajo en autobús. ____________, como en un pequeño restaurante con mis compañeros. Mi trabajo es muy interesante y viajo ____________ a Francia. ____________, después del trabajo, voy a clases de alemán. ____________, como en casa de mis padres.*

7 ¿Con qué frecuencia realiza usted las siguientes actividades?

Ir al cine.

Levantarse tarde.

Cenar con amigos.

Ver la tele.

Comer pescado.

Viajar en avión.

Ir de copas.

Fregar los platos.

8 Escriba tres cosas o actividades que usted realiza...

todas las mañanas ____________ ____________ ____________

cada verano ____________ ____________ ____________

muchas veces por semana ____________ ____________ ____________

y no realiza... nunca ____________ ____________ ____________

LOS INTERROGATIVOS

EN LA CALLE

Elena: Necesito un bolso para la boda de Raquel.
Elvira: Mira, estos son muy bonitos.
Elena: No sé… ¿tú cuál prefieres?
Elvira: El azul.
Elena: ¿Cuánto vale? Setenta euros. Qué caro, ¿no? ¿Vamos a otra tienda?
Elvira: Vale. Oye, ¿cuándo se casa Raquel?
Elena: El 14 de agosto.
Elvira: ¿Con quién vas a ir a la boda?
Elena: Con Juan.

El camarero: Buenos días. ¿Qué van a tomar?
Emilio: ¿Cuál es la especialidad de la casa?
El camarero: La paella.
Emilio: Pues, paella para mí.
Sonia: ¿Qué es la ensalada de la huerta?
El camarero: Es una ensalada de verduras.
Sonia: ¿Y qué lleva?
El camarero: Tomates, zanahorias, pimientos…
Sonia: Uf… No, no, eh… Pollo asado por favor.

Alicia: Por favor, ¿cómo puedo ir a la Plaza Mayor?
Fernando: Tienes que coger el autobús.
Alicia: ¿Qué línea es?
Fernando: La 3.
Alicia: ¿Y cuántas paradas son?
Fernando: No lo sé, dos o tres.
Alicia: ¿Dónde está la parada?
Fernando: Mira, ahí, delante de la tienda de bolsos.
Alicia: Gracias.

¿Dónde? / ¿Cuándo?

- Localizar en el espacio. — *¿Dónde está la parada de autobús?*
- Localizar en el tiempo. — *¿Cuándo se casa Raquel?*

¿Cómo?

- ¿Cómo + **ser**?
  - Preguntar por características. — *¿Cómo es el novio de Raquel?* *– Es muy simpático.*
- ¿Cómo + **verbo**?
  - Preguntar sobre el medio o la manera. — *¿Cómo puedo ir a la Plaza Mayor?* *– En autobús.*
  - Pedir información sobre personas y cosas. — *¿Cómo se llama el novio de Raquel?* *– Alberto.*

¿Qué?

- ¿Qué + **ser**?
  - Identificar cosas. — *¿Qué es la ensalada de la huerta?* *– Es una ensalada de verduras.*
- ¿Qué + **verbo**?
  - Preguntar sobre cosas. — *¿Qué vas a comprar?* *– Un bolso.*
  - Preguntar sobre acciones. — *¿Qué haces?* *– Estoy comiendo.*
- ¿Qué + **nombre** (que indica cantidades, edades, números, medidas) + **verbo**? — *¿Qué hora es?* *– Las dos.* *¿Qué edad tienes?* *– Treinta años.* *¿Qué distancia hay hasta la Plaza?* *– Un kilómetro.*
- ¿**Por** qué?
  - Preguntar sobre la causa. — *¿Por qué Elena no compra el bolso?* *– Porque es muy caro.*

¿Cuánto? / ¿Cuántos? / ¿Cuántas?

- ¿Cuánto + **verbo**?
  - Preguntar por cantidades. — *¿Cuánto vale el bolso?* *– Setenta euros.*
- ¿Cuántos/Cuántas + **nombre plural** + **verbo**?
  - Preguntar por cantidades. — *¿Cuántos hermanos tienes?* *– Dos.*

¿Quién? / ¿Quiénes?

- Preguntar sobre la identidad de personas. — *¿Quién es Raquel?* *– Una amiga de Elena.*

¿Cuál? / ¿Cuáles?

- Identificar personas o cosas dentro de una categoría. — *¿Cuál prefieres?* *– El azul.* *¿Cuál es la especialidad de la casa?* *– La paella.*

> ☞
> - **Los interrogativos siempre llevan tilde en la sílaba tónica.** *¿Cómo? ¿Dónde? ¿Cuál? ¿Quién?*
> - **Siempre se pone ¿ al comienzo de la frase interrogativa.** *¿Qué hora es?*

1 Dónde, cuándo, cómo.

a. Relacione cada pregunta con su respuesta.

¿Cuándo llega José? •	• El sábado por la tarde.
¿Dónde está el mercado? •	• Es muy amable.
¿Cuándo vas a casa de Luis? •	• El martes.
¿Cómo se llama tu marido? •	• Al lado de la iglesia.
¿Cómo es el nuevo director? •	• Sobre la mesa.
¿Dónde pongo los libros? •	• En metro.
¿Cómo vas al trabajo? •	• Antonio.

b. Complete con dónde, cuándo, cómo.

1. ¿___Dónde___ está el diccionario?
2. ¿__________ sale su avión?
3. ¿__________ viven José y Emilia?
4. ¿__________ es su nuevo coche?
5. ¿__________ empieza el partido?
6. ¿__________ se apellida Carmen?

2 Qué, por qué, quién, quiénes.

a. Escriba las preguntas.

¿Qué es el gazpacho? ¿Qué vas a hacer el sábado? ¿Con quién vais a ir a Barcelona?
¿Por qué no quieres ir al cine con nosotros? ¿Quiénes estudian inglés con usted?

1. ¿Qué vas a hacer el sábado? — Voy a descansar.
2. __________ — Porque no me gusta la película.
3. __________ — Con unos amigos.
4. __________ — Es una sopa fría.
5. __________ — Dos compañeros de trabajo.

b. Complete con qué, por qué, quién, quiénes.

1. ¿___Qué___ haces los domingos? – Voy a casa de mis padres.
2. ¿__________ hora es? – Las cuatro y media.
3. ¿__________ ha llamado esta mañana? – Verónica.
4. ¿__________ es la chica morena? – Es una amiga de Cristina.
5. ¿__________ llegas tarde? – Porque hay mucho tráfico.
6. ¿__________ quieres tomar? – Una cerveza.
7. ¿__________ asistirán a la reunión? – La secretaria y el director.

3 Cuánto, cuántos, cuántas. Relacione las dos partes de cada frase.

¿Cuánto cuestan •	• hablas?
¿Cuántas personas •	• trabajan aquí?
¿Cuántos idiomas •	• estos libros?
¿Cuánto dura •	• la película?

4 Cuál, cuáles. Complete con cuál o cuáles.

1. ¿ Cuál es tu libro favorito?
2. ¿________ es su dirección?
3. ¿De todos estos libros, ________ no le gusta?
4. Me gustan todos estos zapatos; y tú ¿________ prefieres?
5. ¿________ es la capital de Noruega?

5 Observe las palabras en gris y escriba las preguntas correspondientes.

Voy al gimnasio todos los lunes.
¿Cuándo vas al gimnasio?

Juan llega a las tres.
____

El libro está sobre la mesa.
____

En mi clase hay quince estudiantes.
____

Voy al trabajo en metro.
____

Mi número de teléfono es el 922 36 22 44.
____

6 Complete la siguiente entrevista de trabajo con los interrogativos de la lista.

Cuándo Por qué Dónde Qué Cuántos Cuándo Cuál Cuántos

- ¿ Dónde estudió?
- ○ En la Universidad de Salamanca.
- ¿________ idiomas habla?
- ○ Tres, español, inglés y alemán.
- ¿________ años trabajó en la Iberotext?
- ○ Cuatro años.
- ¿________ se marchó de Iberotext?
- ○ En 1999.
- ¿________ se marchó de Iberotext?
- ○ Porque me fui a Londres a hacer un máster.
- ¿________ es su deporte favorito?
- ○ El fútbol.
- ¿________ hace usted en su tiempo libre?
- ○ Leo, voy al cine y escucho música.
- ¿________ puede usted empezar a trabajar?
- ○ Me puedo incorporar inmediatamente.

AL SALIR DEL CINE

Ricardo:	Bueno, ¿qué tal la película?
Julia:	Lenta, muy larga, muy mala.
Ricardo:	¡No! Es una película muy entretenida y original.
Julia:	¡Qué va! Es la típica película de amor, al final todos son felices…
Ricardo:	¡No! Es una gran historia de amor.
Julia:	¡Es un rollo!
Ricardo:	¡No, mujer! Tiene un buen guión.
Julia:	¿Un buen guión? ¿Qué dices? Es muy malo, no hay acción, casi me duermo…
Ricardo:	Bueno, vale… La semana que viene vamos a ver una de acción con efectos especiales.

Cristina:	¿Te ha gustado la película?
Sergio:	Sí, es muy interesante y realista.
Cristina:	Los personajes principales son muy buenos.
Sergio:	Penélope Banderas es perfecta en el papel de la joven americana.
Cristina:	Y Antonio Cruz es… ¡genial!
Sergio:	Bueno, ¿qué quieres hacer ahora?
Cristina:	¿Vamos al nuevo pub de la calle Molina a tomar una copa?
Sergio:	¡Vale!

FORMACIÓN DEL FEMENINO

MASCULINO	FEMENINO
Adjetivos en o *pequeño* *largo* *bueno* (1) *malo* (1)	-o → -a *pequeña* *larga* *buena* *mala*
Adjetivos en e *interesante* *grande* (2)	Invariables *interesante* *grande* (2)
Adjetivos en -or *trabajador*	+ -a *trabajadora*
Otros adjetivos en consonante *original* *joven* *feliz* *gris*	Invariables *original* *joven* *feliz* *gris*

☞ **No varían:**

- **Los adjetivos en -ista**
Un hombre optimista
Una mujer optimista
- **Los adjetivos de color en -a**
Un jersey rosa/naranja/violeta
Una falda rosa/naranja/violeta

☞ **(1)** ***bueno, malo*** **→** ***buen, mal*** **cuando preceden a un nombre masculino.**
Un buen libro. Un libro bueno.
Un mal alumno. Un alumno malo.

(2) ***grande*** **→** ***gran*** **cuando precede a un nombre masculino o femenino.**
Un gran país. Un país grande.
Una gran empresa. Una empresa grande.

FORMACIÓN DEL PLURAL

SINGULAR	PLURAL
Terminados en vocal *mala* *bueno* *interesante*	+ -s *malas* *buenos* *interesantes*
Terminados en consonante (excepto z) *especial* *espectacular* *gris*	+ -es *especiales* *espectaculares* *grises*
Terminados en -z *feliz*	-z > -ces *felices*

☞ **Los adjetivos en -en llevan una tilde en plural en la antepenúltima sílaba:**
joven **→** ***jóvenes***

El plural de ***marrón*** **es** ***marrones*** **(sin tilde).**

1 **Forme frases según el modelo.**

- Juan es simpático. → Alica **también es simpática.**
- Raúl es alto. → Natalia ______
- Paca es rubia. → Julián ______
- María es baja. → Pedro ______
- Luisa es graciosa. → Carlos ______
- José es tímido → Marta ______

2 **Marque con X los adjetivos que tienen la misma forma en masculino y femenino.**

☒ especial	☐ corto	☐ joven	☐ caliente	☐ eficaz
☐ azul	☐ enorme	☐ deportista	☐ interesante	☐ juvenil
☐ gris	☐ barato	☐ sincero	☐ feliz	☐ ligero
☐ egoísta	☐ grande	☐ encantador	☐ estrecho	☐ agradable
☐ verde	☐ ideal	☐ rosa	☐ marrón	☐ profundo

3 **Relacione. Use dos adjetivos cada vez.**

	• y gracioso.
	• grande
	• pero muy autoritaria.
Mi amigo Alberto es •	• simpático
Barcelona es una ciudad •	• rápido
Mi nuevo coche es •	• y potente.
La nueva profesora es •	• y aburrida.
No me gusta esta novela, es •	• y bonita.
	• competente
	• larga

(Ejemplo: Mi amigo Alberto es → simpático / y gracioso.)

4 **Escriba los contrarios. Luego complete según el ejemplo.**

pequeño frío largo alegre hermoso fácil generoso

	MASCULINO	FEMENINO	
grande →	**pequeño**	**grande** →	**pequeña**
triste →	______	______ →	______
difícil →	______	______ →	______
corto →	______	______ →	______
egoísta →	______	______ →	______
caliente →	______	______ →	______
feo →	______	______ →	______

5 **Escriba los masculinos o femeninos correspondientes.**

Julio es un buen estudiante → Laura es una **buena** estudiante.

Estados Unidos es un país muy ______ → Atenas es una ciudad muy grande.

Alberto es un profesor muy bueno. → Alicia es una profesora muy ______

Ahora es un ______ momento. → Es una mala idea.

Es un buen libro. → Es una ______ novela.

6 **Ponga los adjetivos en plural.**

azul **azules**

joven ______

marrón ______

original ______

acogedor ______

espectacular ______

amable ______

genial ______

eficaz ______

amarilla ______

natural ______

gris ______

divertida ______

hablador ______

fácil ______

7 **Lea las dos descripciones, luego escriba los seis puntos en común.**

Antonio es alto y delgado. Es moreno y tiene el pelo rizado. Es joven, tiene veintitrés años. Es alegre, simpático, encantador, trabajador, inteligente, fiel y optimista.

José es alto y gordo. Es moreno y tiene el pelo liso. Está casado, no tiene hijos. Es joven, tiene veinte años. Es inteligente, tímido, serio, sincero, fiel y trabajador.

Antonio y José son...

altos

______

______

______

______

______

8 **Relacione y escriba los adjetivos en la forma correcta.**

Estas cantantes son muy •	• interesante	______
Estos libros son •	• fácil	______
En invierno las noches son •	• trabajador	______
Estos ejercicios son •	• famoso	**famosas.**
Las nuevas empleadas son •	• moderno	______
Los muebles de mi casa son •	• largo	______

18 ADJETIVOS con SER y ESTAR

EN EL RESTAURANTE

Paloma:	¿Qué tal tu pescado?
José:	Está muy rico. ¿Y la sopa?
Paloma:	Está muy buena, pero está muy caliente. Me gusta mucho este restaurante.
José:	A mí también. Es pequeño y muy bonito. Los camareros son atentos y agradables y el servicio es rápido.
Paloma:	Bueno, ¿qué tal tu nuevo trabajo? ¿Estás contento?
José:	Sí, me gusta mucho y mis compañeros son muy simpáticos.

Marta:	Oiga, aquí hace mucho calor, ¿no?
Camarero:	Sí, lo siento, el aire acondicionado está estropeado. ¿Han elegido?
Antonio:	Sí, una paella para dos.
Camarero:	Muy bien. Estará lista en veinte minutos.
Antonio:	¿Por qué no ha venido Paloma a cenar con nosotros?
Marta:	Es que la niña está mala.
Antonio:	¿Pero Paloma ha dado a luz?
Marta:	Sí, el doce de junio.
Antonio:	¿Y cómo es la niña?
Marta:	Es muy guapa, muy guapa, la verdad. Es morena, tiene unos ojos azules muy bonitos, su nariz es… bueno, preciosa, preciosa, su boca es pequeñita…
Antonio:	Es tu sobrina, ¿no?
Marta:	Sí, ¿por qué?
Antonio:	No, nada… nada…

USOS DE SER + ADJETIVOS

SER indica características permanentes.

- Describir lugares y objetos: *El restaurante es pequeño. Las mesas son rectangulares. Las cortinas son azules.*
- Describir personas, físicamente: *Paloma es rubia. José es alto y delgado.*
- Describir el carácter de las personas: *Los compañeros de Paloma son simpáticos. Los camareros son agradables.*

USOS DE ESTAR + ADJETIVOS

ESTAR indica características no permanentes (que dependen de circunstancias) y estados.

- Estados físicos:
  Julia está cansada.
- Estados anímicos:
  Paloma está contenta.
- Estado de los lugares y de las cosas:
  El restaurante está lleno. (Porque hay muchos clientes.)
  El aire acondicionado está estropeado. (Porque el motor se ha roto.)
  Las ventanas están abiertas. (El camarero las ha abierto.)
- Siempre se usan con estar:
  - *solo/a: El señor de gafas está solo.*
  - *satisfecho/a: Los clientes están satisfechos.*
  - *prohibido: En el restaurante está prohibido fumar.*

Más adjetivos

- **Estados físicos:** agotado, enfermo, embarazada.
- **Estados anímicos:** enfadado, preocupado, deprimido, inquieto, enamorado, triste.
- **Estados de lugares y cosas:** limpio/sucio, vacío/lleno, roto, nuevo/viejo, pasado de moda.

CONTRASTE

Algunos adjetivos cambian de significado si se emplean con SER o ESTAR.

	SER	ESTAR
bueno/a	(una persona, un animal) honesto, cariñoso: *Mi gato es muy bueno.* (algo) beneficioso para la salud, de buena calidad: *Comer fruta es bueno para la salud. Este libro es muy bueno.*	(un alimento) delicioso: *La sopa está buena.*
malo/a	(una persona, un animal) agresivo: *Este perro es malo.* (algo) perjudicial para la salud, de mala calidad: *Fumar es malo para la salud. Esta película es mala.*	(un alimento) que no gusta: *El pescado está malo.* (una persona) enfermo: *Juan está malo, tiene la gripe.*
listo/a	inteligente: *Este alumno es muy listo.*	preparado: *La cena está lista.*
rico/a	que tiene mucho dinero: *Pablo es rico.*	(un alimento) delicioso: *El besugo está rico.*
verde	color: *Mi vestido es verde.*	(una fruta) no madura: *Los plátanos están verdes.*
atento/a	amable: *Los camareros son atentos con los clientes.*	que presta atención: *Los alumnos están atentos.*

1 a. Indique a qué se refieren estos adjetivos y si se usan con ser o con estar.

	Descripción de un lugar	Descripción de una cosa	Físico de una persona	Rasgos del carácter	Estado físico	Estado anímico	Estado (cosa o lugar)
delgadas			ser				
enfadado							
larga							
roto							
antipáticos							
enferma							
grande							
estropeada							

b. Ahora, asocie cada adjetivo de la actividad a. a un nombre y escriba frases con ser o estar.

Alberto   la falda   la casa   Pepe y Luis   la tele   Elena y Clara   Beatriz   el reproductor de CD

- Elena y Clara son delgadas.
- ______
- ______
- ______
- ______
- ______
- ______
- ______

2 Relacione los contrarios y escriba una frase con ser o estar.

La sopa está fría.	vacías	______
Tus pantalones son estrechos.	aburrida	______
Las botellas están llenas.	caliente	La sopa está caliente.
Raúl es egoísta.	tranquila	______
La película es divertida.	anchos	______
Paco es bajo.	malo	______
Estás inquieta.	generoso	______
Este hombre es pobre.	limpios	______
El pollo asado está rico.	alto	______
Los vasos están sucios.	rico	______

3 Complete con ser o con estar y escriba el número de la explicación junto a cada frase.

1. Porque no encuentra trabajo. 2. Porque es domingo. 3. Siempre se ríe. 4. Tiene un catarro. 5. Porque cocinas fatal. 6. Tiene vitaminas. 7. Porque se va de vacaciones. 8. Estudia mucho.

a. Tu sopa de pescado está muy mala. 5
b. Alicia ______ muy alegre. ___
c. Jorge ______ deprimido. ___
d. Felipe ______ enfermo. ___
e. La fruta ______ buena para la salud. ___
f. Julia ______ muy contenta. ___
g. Las tiendas ______ cerradas. ___
h. Este alumno ______ listo. ___

4 **Describa a estos personajes según el modelo.**

Santiago Llamas
alto moreno gracioso preocupado

Santiago Llamas es alto y moreno. Es gracioso.

Hoy está preocupado.

María Robles
baja rubia sociable enferma

____

____

Ernesto González
alto castaño optimista enfadado

____

____

5 **Complete las respuestas con ser o con estar y los adjetivos de la lista.**

bueno verdes malo lista rica mala verde atento

1. ¿Hoy no vas a trabajar? — No, **estoy** (yo) **malo**.
2. ¿Por qué no compras las peras? — Porque ________ ________.
3. ¿Vamos al cine ahora? — No, todavía no ________ (yo) ________.
4. ¿De qué color es tu nuevo coche? — ________ ________.
5. ¿Qué tal la tarta de fresas? — ________ muy ________.
6. Tú comes fruta todos los días. — Sí, ________ ________ para la salud.
7. ¿No ves la película? — No me gusta, ________ muy ________.
8. No entiendo lo que dice el profesor. — Porque no ____ (tú) ________.

6 **Describa los siguientes objetos y personas con ser o con estar y los adjetivos más adecuados.**

- La cocina **es pequeña.**
- Noelia ________
- Los pantalones de Noelia ________
- La camiseta de Noelia ________
- Rubén ________
- La ventana ________
- La mesa ________
- La paella ________
- La sopa ________
- El pollo ________
- El tostador ________
- El gato ________
- La botella de agua ________

EN LA AGENCIA INMOBILIARIA

Empleado:	Tengo tres pisos, uno en la calle Olivares, otro en la calle Méndez y otro en la plaza Cataluña.
Lucía:	¿Y cómo son?
Empleado:	Pues… el piso de la calle Olivares tiene más habitaciones que los otros; tiene cuatro y los otros, tres. Y el piso de la plaza Cataluña es menos antiguo que los otros.
Lucía:	Sí, pero no es tan céntrico como el de la calle Olivares. ¿Cuánto cuesta el alquiler del piso de la calle Méndez?
Empleado:	Setecientos noventa euros.
Lucía:	Uf… No sé… Es muy caro.
Empleado:	El de la calle Olivares es más barato, pero tiene menos luz que los otros.
Lucía:	No sé…
Empleado:	A ver… Tengo uno muy bonito en la calle Espina; no tiene tantas habitaciones como los otros, pero es muy céntrico.
Lucía:	No sé… Esa calle está más lejos de mi oficina que las otras.
Empleado:	Vamos a ver… ¿Usted dónde trabaja?
Lucía:	En la calle Mártires.
Empleado:	Pues el piso de la calle Méndez le viene fenomenal.
Lucía:	No sé… es que es muy caro. ¿Cuánto cuesta el alquiler del piso de la plaza Cataluña?
Empleado:	Ochocientos euros.
Lucía:	¡Es más caro que el de la calle Méndez!
Empleado:	Sí, pero es una zona muy buena.
Lucía:	No sé… ¿Tiene otros?
Empleado:	No, lo siento. Si quiere vamos a ver el piso de la calle Méndez, es precioso, el salón da a un jardín…
Lucía:	No sé… Volveré mañana.

COMPARATIVOS CON ADJETIVOS

- Superioridad: **más** + adjetivo + **que**:
  El piso de la plaza Cataluña es más caro que el piso de la calle Méndez.
- Inferioridad: **menos** + adjetivo + **que**:
  El piso de la plaza Cataluña es menos antiguo que los otros.
- Igualdad: **tan** + adjetivo + **como**:
  El piso de la plaza Cataluña no es tan céntrico como el piso de la calle Olivares.

☞
- **más bueno, más buena → mejor**
  más malo, más mala → peor
- **más grande = mayor**
  más pequeño, más pequeña = menor

– Para el tamaño, se pueden usar las dos formas.
Mi casa es más grande que la tuya.
= Mi casa es mayor que la tuya.
– Para la edad, sólo se usan mayor, menor.
Julia es mayor que Pedro.
Noelia es menor que José.

COMPARATIVOS CON ADVERBIOS

- Superioridad: **más** + adverbio + **que**:
  Esa calle está más lejos de mi oficina que las otras.
- Inferioridad: **menos** + adverbio + **que**:
  El piso de la calle Méndez está menos lejos de la oficina de Lucía que los otros.
- Igualdad: **tan** + adverbio + **como**:
  El piso de la plaza Cataluña no está tan cerca del centro como el piso de la calle Olivares.

☞
- **más bien → mejor**
- **más mal, más mala → peor**

Sofía cocina mejor que Natalia.
Natalia habla inglés peor que Sofía.

COMPARATIVOS CON NOMBRES

- Superioridad: **más** + nombre + **que**:
  El piso de la calle Olivares tiene más habitaciones que los otros.
- Inferioridad: **menos** + nombre + **que**:
  El piso de la calle Olivares tiene menos luz que los otros.
- Igualdad: **tanto** + nombre masculino singular + **como**:
  Los clientes de la agencia no se quedan tanto tiempo como Lucía.
- **tantos** + nombre masculino plural + **como**:
  La agencia Casabién no tiene tantos pisos como la agencia Pisoplús.
- **tanta** + nombre femenino singular + **como**:
  El piso de la plaza Cataluña no tiene tanta luz como los otros.
- **tantas** + nombre femenino plural + **como**:
  Los otros clientes no hacen tantas preguntas como Lucía.

1 Comparativos con adjetivos.

a. Observe las ilustraciones y complete las frases con más ... que, menos ... que, tan ... como.

1. La falda de rayas es __más__ cara __que__ la falda de cuadros.
2. La falda de rayas es ________ larga ________ la falda de cuadros.
3. Los pantalones grises son ________ anchos ________ los pantalones blancos.
4. Los pantalones grises son ________ caros ________ la falda de rayas.
5. El vestido es ________ corto ________ la falda de rayas.
6. El vestido es ________ barato ________ la falda de cuadros.

b. Complete las frases con los adjetivos de la lista.

ligero contaminado rápido alto antiguo interesante

1. El tren sale de Madrid a las dos y llega a Barcelona a las doce.
   El avión sale de Madrid a las cinco y llega a Barcelona a las siete menos diez.
   • El avión es más __rápido__ que el tren.
2. El portátil pesa tres kilos y el ordenador de sobremesa ocho.
   • El portátil es más ________________ que el ordenador de sobremesa.
3. Esta revista y esta novela me gustan mucho.
   • La revista es tan ________________ como la novela.
4. Miguel mide 1,63 m y Raúl 1,76.
   • Miguel es menos ________________ que Raúl.
5. La torre tiene 500 años y el castillo 650.
   • El castillo es más ________________ que la torre.
6. En la ciudad hay muchos coches y muchas fábricas. En el campo no.
   • El campo está menos ________________ que la ciudad.

2 Comparativos con nombres.

Relacione. Complete las frases con más, menos, tanto, tantos, tantas.

Clara tiene tres hijos y Luis también. •	• Clara tiene ______ hermanas que Luis.
Clara trabaja ocho horas al día y Luis siete. •	• Clara tiene ______ trabajo como Luis.
Clara tiene una hermana y Luis dos. •	• Clara trabaja ______ horas que Luis.
Clara y Luis siempre tienen mucho trabajo. •	• Clara tiene ______ amigas como Luis.
Clara y Luis tienen muchas amigas. •	• Clara tiene __tantos__ hijos como Luis.

3 Comparativos con adverbios. Complete las frases con más ... que, menos ... que, tan ... como.

1. Lola se levanta a las seis y media y Nuria a las siete.
   • Nuria se levanta __más__ tarde __que__ Lola.
2. El hotel está a ocho kilómetros de la playa y el camping a cinco kilómetros.
   • El camping está ________ lejos de la playa ________ el hotel.
3. Ricardo y Andrés juegan muy mal al tenis.
   • Ricardo juega al tenis ________ mal ________ Andrés.
4. Sara empieza a trabajar a las ocho y Antonio a las ocho y media.
   • Sara empieza a trabajar ________ temprano ________ Antonio.
5. Por la autopista los coches pueden ir a 120 km/h y por la carretera a 100 km/h.
   • Por la autopista los coches pueden ir ________ rápidamente ________ por la carretera.

4 Compare.

Empresa Editel	Empresa Sanitex
• 160 empleados	• 90 empleados
• Sueldo medio mensual: 1.350 €	• Sueldo medio mensual: 1.450 €
• Horarios: 9.00-14.00, 15.00-18.00	• Horarios: 9.30-14.30, 16.00-19.00
• Vacaciones: 29 días al año	• Vacaciones: 26 días al año
• Situada a 20 km del centro	• Situada a 20 km del centro

dinero horas grande tarde vacaciones empleados lejos del centro

1. Editel tiene __más empleados que__ Sanitex.
2. Editel es ________________ que Sanitex.
3. Editel está ________________ como Sanitex.
4. Los empleados de Editel ganan ________________ los empleados de Sanitex.
5. Los empleados de Sanitex trabajan ________________ los empleados de Editel.
6. Los empleados de Sanitex empiezan a trabajar ________________ que los empleados de Editel.
7. Los empleados de Sanitex tienen ________________ que los empleados de Editel.

5 ¿Qué sabe usted de Hispanoamérica? Complete las frases con los comparativos más adecuados. Luego compruebe sus respuestas en Internet y en un mapa.

1. Honduras tiene __menos__ kilómetros cuadrados __que__ Ecuador.
2. México tiene ________ habitantes ________ Argentina.
3. Buenos Aires está ________ cerca del mar ________ La Paz.
4. Paraguay linda con ________ países ________ Colombia.
5. Venezuela tiene ________ kilómetros de costa ________ Chile.

20 LOS POSESIVOS, adjetivos y pronombres

EN LA RECEPCIÓN DEL HOTEL

Recepcionista 1:	Aquí tiene su paraguas y sus maletas.
Señora López:	Las maletas son mías, pero el paraguas no; el mío es gris.
Recepcionista 1:	Perdone. Aquí está.

Nuria:	¿Quedamos dentro de un cuarto de hora en mi habitación o en la tuya?
Carolina:	En la mía, mejor. Oye, ¿me prestas tu móvil para llamar a mis padres?
Nuria:	Sí, claro. Toma.
Rafa:	Perdona, ¿son tuyas estas gafas?
Carolina:	A ver… ¡Sí! Muchas gracias.

ADJETIVOS

Poseedor	SINGULAR		PLURAL	
	MASCULINO	FEMENINO	MASCULINO	FEMENINO
yo	*mi*		*mis*	
tú	*tu*		*tus*	
usted	*su*		*sus*	
él, ella	*su*		*sus*	
nosotros/as	*nuestro*	*nuestra*	*nuestros*	*nuestras*
vosotros/as	*vuestro*	*vuestra*	*vuestros*	*vuestras*
ustedes	*su*		*sus*	
ellos, ellas	*su*		*sus*	

Usos

- Indicar posesión:
  Mi bolso.
  Sus maletas.
- Indicar una relación entre dos personas o cosas:
  Mi habitación.
  Mis padres.

PRONOMBRES

Poseedor	SINGULAR		PLURAL	
	MASCULINO	FEMENINO	MASCULINO	FEMENINO
yo	*mío*	*mía*	*míos*	*mías*
tú	*tuyo*	*tuya*	*tuyos*	*tuyas*
usted	*suyo*	*suya*	*suyos*	*suyas*
él, ella	*suyo*	*suya*	*suyos*	*suyas*
nosotros/as	*nuestro*	*nuestra*	*nuestros*	*nuestras*
vosotros/as	*vuestro*	*vuestra*	*vuestros*	*vuestras*
ustedes	*suyo*	*suya*	*suyos*	*suyas*
ellos, ellas	*suyo*	*suya*	*suyos*	*suyas*

Usos

- Con el verbo **ser**: para indicar o preguntar quién es el propietario de un objeto.
  ¿De quién son estas gafas? – Son mías. (mías → el propietario de las gafas soy yo)
  ¿Son tuyas estas gafas? (tuyas → el propietario de las gafas eres tú)
- Con los artículos determinados, sustituyen al nombre.
  Este no es mi paraguas, el mío es gris.

1 Complete según el modelo.

YO
- el coche — mi coche
- los perros — ______
- las gafas — ______
- la casa — ______

TÚ
- la goma — ______
- el piso — ______
- los libros — ______
- las amigas — ______

ÉL/ELLA
- las tarjetas — ______
- el gato — ______
- los zapatos — ______
- la bici — ______

NOSOTROS
- la ciudad — ______
- el padre — ______
- las hermanas — ______
- los primos — ______

VOSOTROS
- las amigas — ______
- el instituto — ______
- los perros — ______
- la madre — ______

ELLOS/ELLAS
- las compañeras — ______
- la academia — ______
- el profesor — ______
- los amigos — ______

2 Julio está enamorado de Alicia. Complete el texto con los adjetivos posesivos que faltan.

¡Ay, Alicia, Alicia! Me gusta __tu__ pelo, me gusta ______ boca, me gustan ______ ojos, me encantan ______ brazos y ______ piernas... Sueño que estamos en ______ casa con ______ perro, con ______ hijos, solos, sin ______ madre (______ futura suegra), sin ______ hermanos (______ futuros cuñados)... ¡Ay, Alicia, Alicia!

3 Transforme según el modelo.

1. Tengo un perro muy mimoso. — Mi perro es muy mimoso.
2. Tenemos unos profesores muy simpáticos. — ______
3. Tienen una casa muy grande. — ______
4. Tienes una chaqueta muy elegante. — ______
5. Tenéis unos amigos muy graciosos. — ______
6. Tengo unas compañeras de piso estupendas. — ______
7. Bea tiene un piso muy moderno. — ______

4 **Transforme.**

mi bolígrafo	**Es mío.**	sus zapatos (Lucía)	
mis gafas		nuestros libros	
tu gato		vuestro piso	
su ordenador (Ud.)		su piso (Uds.)	

5 **Complete el cuadro según el modelo.**

tu casa	Yo	Tu casa es más grande que	**la mía.**
	Ella	Tu casa es más grande que	**la suya.**
	Nosotros	Tu casa es más grande que	**la nuestra.**
	Ellos	Tu casa es más grande que	**la suya.**
tus amigos	Yo	Tus amigos son más divertidos que	
	Ella	Tus amigos son más divertidos que	
	Nosotros	Tus amigos son más divertidos que	
	Ellos	Tus amigos son más divertidos que	
tu móvil	Yo	Tu móvil tiene más funciones que	
	Ella	Tu móvil tiene más funciones que	
	Nosotros	Tu móvil tiene más funciones que	
	Ellos	Tu móvil tiene más funciones que	

6 **Observe el cuadro. Luego escriba los posesivos adecuados.**

Tú	Ud.	Vosotras
un portátil gris	una regla de plástico	un móvil con cámara
unas tijeras grandes	unos lápices azules	unas llaves pequeñas
una mochila grande	un rotulador verde	unos bolis rojos

1. José, ¿es **tuyo** este portátil negro? – No, **el mío** es gris.
2. Señor Toledo, ¿son ________ estos lápices verdes? – No, ________ son azules.
3. José, ¿son ________ estas tijeras pequeñas? – No, ________ son grandes.
4. Nuria y Belén, ¿son ________ estos bolis? – No, ________ son rojos.
5. Nuria y Belén, ¿es ________ este móvil? – No, ________ tiene cámara.
6. Señor Toledo, ¿es ________ esta regla de madera? – No, ________ es de plástico.
7. Señor Toledo, ¿es ________ este rotulador negro? – No, ________ es verde.
8. José, ¿es ________ esta mochila verde? – No, ________ es grande.

21 LOS DEMOSTRATIVOS, adjetivos y pronombres

EN LA ACADEMIA DE IDIOMAS

Álex:	Mira, estas son Clara y Verónica, estudian inglés.
Manu:	Hola, ¿qué hay? Soy Manu. Soy comercial en una empresa internacional y estudio francés para mi trabajo.
Clara:	Hola.
Verónica:	Hola.
Álex:	Oye Manu, ¿quién es ese chico rubio cerca de la ventana?
Manu:	Es Miguel, estudia inglés. Y esa chica morena es la profesora de portugués.
Álex:	¿Y aquellos chicos, al fondo?
Verónica:	Son Roberto y Carlos, estudian alemán.
Manu:	¿Conoces a aquella chica junto a la máquina de café?
Verónica:	Sí, es la profesora de español.
Manu:	¿Quién quiere un café? Invito yo.
Álex:	¿Un café? ¡Tú nunca tomas café!

ADJETIVOS DEMOSTRATIVOS

Indican la posición del nombre con relación a la persona que habla.

¿Dónde está/n?	SINGULAR		PLURAL	
	MASCULINO	FEMENINO	MASCULINO	FEMENINO
AQUÍ	*este*	*esta*	*estos*	*estas*
AHÍ	*ese*	*esa*	*esos*	*esas*
ALLÍ	*aquel*	*aquella*	*aquellos*	*aquellas*

Posición: Siempre van delante del nombre.
¿Quién es ese chico rubio cerca de la ventana?
Y esa chica morena es la profesora de portugués.
¿Conoces a aquella chica junto a la máquina de café?

☞ **También se usan en las expresiones temporales:**
- ***esta mañana, esta tarde, esta noche, esta semana***
- ***este mes, este año, este verano, este fin de semana***
- ***estas vacaciones***

PRONOMBRES DEMOSTRATIVOS

¿Dónde está/n?	SINGULAR		PLURAL	
	MASCULINO	FEMENINO	MASCULINO	FEMENINO
AQUÍ	*este*	*esta*	*estos*	*estas*
AHÍ	*ese*	*esa*	*esos*	*esas*
ALLÍ	*aquel*	*aquella*	*aquellos*	*aquellas*
	NEUTROS			
AQUÍ	*esto*			
AHÍ	*eso*			
ALLÍ	*aquello*			

¿Me puedes decir cuál es el aula 13? – Es aquella al fondo, al lado de la máquina de café.
Mira, estas son Clara y Verónica, estudian inglés.
¿De quién es todo esto?

1 **Complete el cuadro.**

AQUÍ	AHÍ	ALLÍ
___esta___ chica	________ revistas	________ restaurante
________ platos	________ hombre	________ postales
________ profesoras	________ aula	________ libros
________ autobús	________ relojes	________ tarta

2 **Relacione.**

esta lámpara •	• AQUÍ •	• estos CD
aquella foto •		• esas tiendas
este portátil •	• AHÍ •	• aquel coche
ese sillón •		• estas manzanas
esa falda •	• ALLÍ •	• estos zapatos
aquellas chicas •		

3 **Ponga las siguientes frases en femenino singular y en femenino plural.**

1. Este chico es simpático. ___Esta chica es simpática.___ ___Estas chicas son simpáticas.___
2. Aquel hombre es mi tío. ________ ________
3. Ese señor es el director. ________ ________
4. Aquel dependiente es amable. ________ ________
5. Este actor es joven. ________ ________
6. Ese estudiante es hablador. ________ ________
7. Este alumno es inteligente. ________ ________

4 **Complete las frases con adjetivos demostrativos.**

¡Mmm!, ___esta___ paella está muy rica.

¿Quiénes son ________ chicos de allí?

¿Vamos a ________ tienda, al final de la calle?

¿Qué estás haciendo?

¿Me puede enseñar ________ zapatos de ahí?

Mira, he comprado ________ vestido, ¿te gusta?

El trabajo para mañana, pero no sé hacer ________ ejercicio de vocabulario.

He encontrado ________ gafas, ¿sabes de quién son?

¿Puedo pagar con ________ tarjeta?

5 **Relacione.**

Este vestido es muy bonito. •	• Esta no me gusta nada.
Aquella casa me encanta. •	• Aquella es la secretaria.
Esas chicas son amables. •	• Estos son muy aburridos.
Aquellos libros son interesantes. •	• Aquel es muy feo.
Esta mujer es la profesora. •	• Esos son de José.
Estos CD son de Julián. •	• Estas son desagradables.

6 **Forme frases según el modelo.**

1. esta (Paula) / aquella (Noemí) **Esta es Paula y aquella es Noemí.**
2. este (Arturo) / esos (Marcos y Julián) ______________________
3. estas (María y Luisa) / aquellos (Pablo y Raúl) ______________________
4. esos (mis hermanos) / aquellas (mis vecinas) ______________________
5. este (mi primo) / aquella (madre) ______________________
6. estos (mis abuelos) / estas (tías) ______________________

7 **Transforme, según el modelo.**

1. este / aquel

Este no me gusta, prefiero aquel.

2. esa / aquella

____

3. esta / esa

____

4. aquellas / estas

____

5. esos / aquellos

____

6. esas / estas

____

7. esos / estos

____

8 **Complete las frases con esto, eso o aquello.**

LLAMANDO A UNA EMPRESA

Telefonista:	Grupo Ele, buenos días.
Señor Morales:	Buenos días. ¿Me pone con Marta Lorenzo por favor?
Telefonista:	Lo siento, está reunida, no la puedo interrumpir. ¿Quiere dejarle algún recado?
Señor Morales:	Sí, por favor. Soy José Morales, ¿puede decirle que no he recibido los contratos y que los necesito para hoy?
Telefonista:	Por supuesto.
Señor Morales:	Gracias. Adiós.
Telefonista:	Grupo Ele, buenos días.
Señora Cobos:	Buenos días. Con el señor Castillo, por favor.
Telefonista:	Me dice su nombre, por favor.
Señora Cobos:	Sí, soy Esther Cobos.
	[...]
Telefonista:	Está hablando por otra línea. ¿Espera?
Señora Cobos:	No, lo llamaré dentro de diez minutos. Gracias. Adiós.
Álvaro:	Carolina, soy Álvaro. ¿Te ha dado Juan las fotocopias del informe?
Telefonista:	Sí, están aquí. ¿Las necesitas ahora?
Álvaro:	No, no, gracias.
Nuria:	Carolina, soy Nuria. Hoy vamos a ir a comer un poco más tarde; el director comercial nos ha dado un trabajo urgente.
Telefonista:	Si quieres, os espero.
Nuria:	Vale, luego te llamo.
Telefonista:	Hasta luego.

OBJETO DIRECTO

1ª persona singular	*me*
2ª persona singular	*te*
3ª persona masculino/singular	*lo/le**
3ª persona femenino/singular	*la*
usted	*lo/la/le**
3ª persona neutro	*lo*
1ª persona plural	*nos*
2ª persona plural	*os*
3ª persona masculino/ plural	*los/les**
3ª persona femenino/plural	*las*
ustedes	*los/las/les**

☞
- **Los pronombres lo/los se refieren a personas o cosas de género masculino.**
  Veo un coche. → Lo veo.
  Leo unos libros. → Los leo.
  Miras a un hombre. → Lo miras.
  Miramos a los chicos. → Los miramos.
- *** Los pronombres le/les sólo se refieren a *personas* de sexo masculino.**
  Miras a un hombre. → Lo miras. Le miras.
  Miramos a los chicos. → Los miramos. Les miramos.

POSICIÓN

Van delante del verbo (excepto en imperativo afirmativo, infinitivo o gerundio).

- Los contratos — *Los necesito para hoy.*
- A vosotros — *Si quieres, os espero.*
- El señor Castillo — *Lo llamaré dentro de diez minutos.*

Con *querer/poder* + infinitivo → Ver página 35
Con *ir a* + infinitivo → Ver página 51
Con *estar* + gerundio → Ver página 55

OBJETO INDIRECTO

1ª persona singular	*me*
2ª persona singular	*te*
3ª persona masculino/singular	*le*
3ª persona femenino/singular	*le*
a usted	*le*
1ª persona plural	*nos*
2ª persona plural	*os*
3ª persona masculino/ plural	*les*
3ª persona femenino/plural	*les*
a ustedes	*les*

POSICIÓN

- Van delante del verbo (excepto en imperativo afirmativo, infinitivo y gerundio).
  ¿Te ha dado Juan las fotocopias del informe?
  El director comercial nos ha dado un trabajo urgente.
  Me dice su nombre, por favor.

Con *querer/poder* + infinitivo → Ver página 35
Con *ir a* + infinitivo → Ver página 51
Con *estar* + gerundio → Ver página 55

1 **Complete con me, te, le/lo, la, nos, os, les/los, las.**

a mí	a ti	a Juan	a Lola
Me esperas a las dos.	__ he visto en el cine.	__/__ veo mañana.	__ conozco muy bien.
__ llamas a las tres.	__ escuchamos.	__/__ estoy esperando.	Pedro __ quiere mucho.
a nosotros	**a vosotros**	**a mis amigos**	**a mis hermanas**
__ llamas mañana.	__ veo todos los días.	__/__ quiero.	__ llamo a menudo.
No __ esperas.	__ miramos.	__/__ invito a mi casa.	__ estoy escuchando.

2 **Relacione. Complete las frases con lo, la, los, las.**

¿Conoces a Julio?	Sí, ya ____ hemos terminado.
¿Ha visto la película?	____ escucho por la mañana.
¿Habéis terminado los ejercicios?	____ compro en el mercado.
¿Cuándo escuchas las noticias?	No, no lo conozco.
¿Dónde coges el autobús?	____ cojo en la calle Goya.
¿Dónde compra Ud. la fruta?	Sí, ____ he visto esta tarde.

3 **Conteste a las preguntas según el modelo.**

1. ¿A qué hora preparas la cena? A las ocho. **La preparo a las ocho.**
2. ¿Dónde pones los libros? En la estantería. ____________________
3. ¿Cuándo llamas a tus padres? Los domingos. ____________________
4. ¿Cuándo me invitas al restaurante? El sábado. ____________________
5. ¿Dónde compras las revistas? En el quiosco. ____________________

4 **¿Qué hacen con...? Escriba frases según el modelo y con los verbos de la lista.**

leer beber escuchar ver escribir hacer vender comprar

1. Marta / los libros — **Los lee.**
2. Luis / el CD — ____________
3. Elena / la tele — ____________
4. la dependienta / las peras — ____________
5. los estudiantes / los ejercicios — ____________
6. ellos / el café — ____________
7. Emilia / el e-mail — ____________
8. el cliente / la revista — ____________

5 **Transforme.**

Mandas un e-mail. / A MÍ — Me mandas un e-mail.

Mando un e-mail. / A TI ______

Mando un e-mail. / A ÉL ______

Mando un e-mail. / A ELLA ______

Mandas un e-mail. / A NOSOTROS ______

Mando un e-mail. / A VOSOTROS ______

Mando un e-mail. / A ELLOS ______

Mando un e-mail. / A ELLAS ______

6 **Transforme el texto según el modelo.**

a mí Raquel me ha invitado a su fiesta.
Me ha enseñado su casa.
Me ha presentado a sus amigos

a ti Raquel te ha invitado a su fiesta.
______
______

a ellas ______
______
______

a nosotros ______
______
______

7 **Relacione las dos partes de cada frase.**

Me duele la cabeza, •	• siempre les llevo flores.
El lunes es el cumpleaños de Nuria, •	• ¿te compro unos sellos?
Cuando voy a casa de mis amigos, •	• ¿nos pone dos cervezas?
Voy al estanco, •	• ¿me das una aspirina?
Camarero, por favor, •	• ¿le regalamos un libro?
Esta tarde el profesor •	• os da los resultados del examen.

8 **Vuelva a escribir las frases usando pronombres complemento directo e indirecto.**

1. ¿Has visto a Malena? Sí, he visto a Malena y he **dado a Malena** el libro.
   Sí, la he visto y le he dado el libro.
2. ¿Has llamado al camarero? Sí, he llamado al camarero y he pedido el menú al camarero.
   ______
3. ¿Has llamado a tus amigos? Sí, he llamado a mis amigos y he explicado cómo venir a mis amigos.
   ______
4. ¿Has visto a Inma y Luisa? No, no he visto a Inma y Luisa pero he mandado un e-mail a Inma y Luisa.
   ______
5. ¿Has escrito a Paula? Sí, he escrito a Paula y he contado mis vacaciones a Paula.
   ______

AL TELÉFONO

Marina: Sí, ¿dígame?

Ernesto: Hola Marina, soy Ernesto. ¿Esta tarde vamos a tomar algo por ahí?

Marina: No, esta tarde no puedo, voy a casa de una amiga.

Ernesto: ¿Quieres ir al cine esta noche? En el Olimpia ponen una película de aventuras, muy buena.

Marina: No, no me gustan las películas de aventuras.

Ernesto: ¿Y mañana por la noche? Podemos cenar en el nuevo restaurante argentino, tienen una carne excelente.

Marina: No, yo nunca como carne, ya sabes que soy vegetariana.

Ernesto: Ah… Bueno… ¿Seguro que no quieres ir a tomar algo por ahí?

Marina: Que no, que esta tarde no puedo. Voy a casa de una amiga.

Ernesto: Chica, no quieres salir nunca. Por cierto, ¿te ha llamado Julio esta mañana?

Marina: No, no me ha llamado nadie.

Ernesto: Ah… Bueno… Es que he quedado con él para ir a tomar algo por ahí.

Marina: ¿Has quedado con Julio?

Ernesto: Sí, a las cinco en el Acrópolis.

Marina: Vale, hasta luego.

Ernesto: ¿Pero esta tarde no vas a casa de una amiga?

Marina: No, no, esta tarde no tengo nada que hacer. ¡Así, no puedes decir que nunca quiero salir contigo!

NO + verbo

Marina no quiere salir con Ernesto.
Esta tarde no puedo.

NO + verbo + NUNCA / NUNCA + verbo

Marina no come nunca carne.
Marina nunca come carne.
Marina no sale nunca con Ernesto.
Marina nunca sale con Ernesto.

NO + verbo + NADA

Sobre la mesa del salón no hay nada.
No tengo nada que hacer.
No quiere nada.

NO + verbo + NADIE / NADIE + verbo

No hay nadie con Marina.
Hoy no ha llamado nadie.
Hoy nadie ha llamado.

☞ **Con el pretérito perfecto**
No siempre va **antes de haber**.
Julio no ***ha*** *llamado a Marina.*
Hoy Marina no ***ha*** *ido al gimnasio.*
No ***ha*** *comido nunca en un restaurante argentino.*
No ***ha*** *hecho nada.*

Con pronombres personales
No siempre va **antes del pronombre**.
No ***le*** *gustan las películas de aventuras.*
No ***me*** *ha llamado nadie.*
No ***se*** *ha quedado en casa.*

1 **Matías y Carlos son mellizos, pero tienen gustos muy diferentes. Escriba frases según el modelo.**

Matías	Carlos
• Hace deporte los fines de semana.	• **No hace** deporte los fines de semana.
• Escucha música clásica.	• ______________________
• Va al cine los domingos.	• ______________________
• Lee novelas de acción.	• ______________________
• Le gusta la playa.	• ______________________
• Sabe cocinar.	• ______________________

2 **Conteste negativamente.**

¿Elena tiene hermanos? — **No, Elena no tiene hermanos.**

¿Ángel vive en Toledo? — ______________________

¿Olga es española? — ______________________

¿Está lloviendo? — ______________________

¿Hace frío? — ______________________

3 **Transforme.**

Nunca van al cine.	**No van nunca al cine.**
______________________	No salimos nunca los domingos.
Nunca tomo café.	______________________
______________________	No has estado nunca en Segovia.
Eva nunca se levanta antes de las siete.	______________________
______________________	Pedro no ha viajado nunca en AVE.

4 **Complete las frases con los verbos de la lista en presente y Nunca o No... nunca.**

invitar navegar llover comer jugar coger

1. Fermín es vegetariano. **Nunca come** carne.
2. A Marta no le gustan los ordenadores. ______________________ por Internet.
3. Jaime siempre va al trabajo en coche. ______________________ el metro.
4. Santiago es muy tacaño. ______________________ a sus amigos a cenar.
5. A Pedro no le gusta el deporte. ______________________ al fútbol.
6. El Sáhara es una región muy seca. En el Sáhara ______________________

5 Conteste a las preguntas usando nada.

¿Qué hay sobre la mesa?
Sobre la mesa no hay nada.

¿Qué ha hecho Félix hoy?
____

¿Ha oído algo?
____

¿Necesita algo?
____

¿Elena ha comprado algo?
____

¿Quiere comer algo?
____

¿Qué hace hoy?
____

6 a. Relacione las dos partes de cada frase.

¿Ha llamado alguien? • — • 4 No, no ha llamado nadie.
¿Alguien te ha visto? •
¿Quién quiere ir al cine? •
¿Ha venido alguien esta tarde? •
¿Quién ha hablado con Patricia? •
¿Alguien ha escuchado el CD? •

• 1 No, no ha escuchado nadie el CD.
• 2 No quiere ir nadie.
• 3 No, no me ha visto nadie.
• 4 No, no ha llamado nadie.
• 5 No ha hablado nadie con ella.
• 6 No, no ha venido nadie.

b. Transforme las respuestas del ejercicio a.

1. __________
2. __________
3. __________
4. No, nadie ha llamado.
5. __________
6. __________

7 Complete la conversación con no, nunca, nada, nadie.

Belén No tengo ganas de cocinar y no hay __________ en la nevera, ¿vamos a comer a un restaurante chino?

Nuria ¡Fenomenal! __________ he probado comida china.

Belén ¿Tomamos algo antes de irnos?

Nuria Yo ahora __________ quiero tomar __________, __________ tengo sed. ¿Llamamos a Juan y vamos los tres?

Belén Vale, pero __________ tengo su teléfono.

Nuria Le llamo yo a su casa. __________ hay __________, seguro que ha salido. Pues vamos las dos.

Belén Vale. Esperamos un poco, aún es pronto, a esta hora todavía __________ hay __________ en el restaurante. ¿Seguro que __________ quieres tomar __________?

Nuria Pues... una cerveza.

LA MUDANZA

Hombre 1: Bueno, señora, ¿dónde está la cocina?

Señora Burgos: Ahí, a la derecha.
Y las sillas de la terraza, ¿dónde están las sillas de la terraza?

Hombre 1: En el ascensor, ahora las cogemos.

Hombre 2: ¿Dónde pongo estas cosas?

Señora Burgos: A ver... El piano... a la derecha de la ventana. No, no, a la izquierda.
El sofá, en el rincón enfrente de la puerta, sí, sí, ahí está muy bien.
Y la estantería a la derecha de la ventana, enfrente del sofá.

Hombre 1: ¿Y esta mesa ?

Señora Burgos: Junto al sofá, y la alfombra debajo de la mesa. Los sillones, entre la estantería y la mesa. A ver... ¿Qué más...? ¡Ah, la planta!
A la derecha de la ventana. ¡Cuidado, que es muy frágil!
No, ahí no, entre la ventana y la estantería.
Oiga, ¿dónde está la tele?

Hombre 1: En el camión, ahora la subimos.

Hombre 2: ¿Dónde ponemos esta silla?

Señora Burgos: Junto al piano. A ver... La mesa de trabajo, contra la pared, entre la puerta y el sofá. La otra silla, junto a la mesa de trabajo, y el ordenador, sobre la mesa. No, a la izquierda de la mesa, a la izquierda.

Hombre 1: Bueno, ya está.

Señora Burgos: Pues muchas gracias.

Hombre 2: ¿Sabe dónde hay una cafetería por aquí cerca para comer este mediodía?

Señora Burgos: Sí, hay una cafetería al final de esta calle, y también hay dos bares.

Hombres: Muy bien. Adiós.

PREPOSICIONES DE LUGAR

delante del jarrón 

detrás del jarrón 

debajo del jarrón 

encima del / sobre el jarrón 

a la derecha del jarrón 

a la izquierda del jarrón 

junto al / al lado del jarrón 

entre los jarrones 

contra el jarrón 

dentro del / en el jarrón 

enfrente del jarrón 

ESTÁ / ESTÁN

- Está / Están se usan para **situar** en el espacio.

El sillón está enfrente de la puerta. 

La mesa está al lado del sofá. 

Los muebles están en el camión. 

Tus plantas están detrás del sofá. 

Mi piano está en el salón. 

Está/Están se usan con:
- Los **artículos determinados**.
- Los **adjetivos posesivos**.

HAY

- Hay se usa para hablar de la **existencia**.

Hay un sofá al lado de la ventana. 

Hay una alfombra debajo del sofá. 

Sobre la estantería hay libros. 

En esta calle hay dos bares. 

En el camión hay muchos muebles. 

Hay se usa con:
- Los **artículos determinados**.
- Los nombres en **plural**.
- Los **numerales**.
- **Mucho**(s), **mucha**(s).

1 **¿Dónde está el lápiz?**

1.  **debajo del estuche**
2.  ______
3.  ______
4.  ______
5. 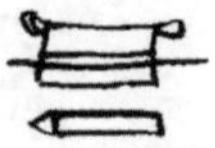 ______
6.  ______
7.  ______
8.  ______
9.  ______
10.  ______

2 **Relacione las dos partes de cada frase.**

¿Dónde está tu coche? •	• Está debajo del escritorio.
¿Dónde está el profesor? •	• Está enfrente de la farmacia.
¿Dónde está la papelera? •	• Está sobre la mesa.
¿Dónde está el jardín? •	• Está en el garaje.
¿Dónde está la panadería? •	• Está detrás de la casa.
¿Dónde está el diccionario? •	• Está delante de la pizarra.

3 **Forme frases según el modelo; use las preposiciones de la lista.**

en   sobre   dentro de   debajo de   entre   enfrente de   detrás de

1. Las verduras / la nevera **Las verduras están en la nevera.**
2. La lámpara / la mesilla ______
3. El patio / la casa ______
4. La ropa / el armario ______
5. La alfombra / el sofá ______
6. La cocina / el comedor ______
7. La librería / el estanco, correos ______

4 **Conteste según el modelo; use las palabras de la lista.**

museos y galerías de arte   un sillón muy cómodo   cinco libros
mesas, sillas y una pizarra   muchas tiendas

1. ¿Qué hay en la habitación? **En la habitación hay un sillón muy cómodo.**
2. ¿Qué hay en el centro comercial? ______
3. ¿Qué hay sobre el estante? ______
4. ¿Qué hay en Madrid? ______
5. ¿Qué hay en el aula? ______

5 **Lea el texto y dibuje los muebles de la habitación.**

- A la derecha de la puerta hay una cama.
- Entre la cama y la pared hay una mesilla de noche.
- Sobre la cama hay tres cojines.
- A la izquierda de la cama hay una alfombra.
- Debajo de la ventana hay una mesa de trabajo.
- Delante de la mesa de trabajo hay una silla.
- Enfrente de la puerta hay un armario.

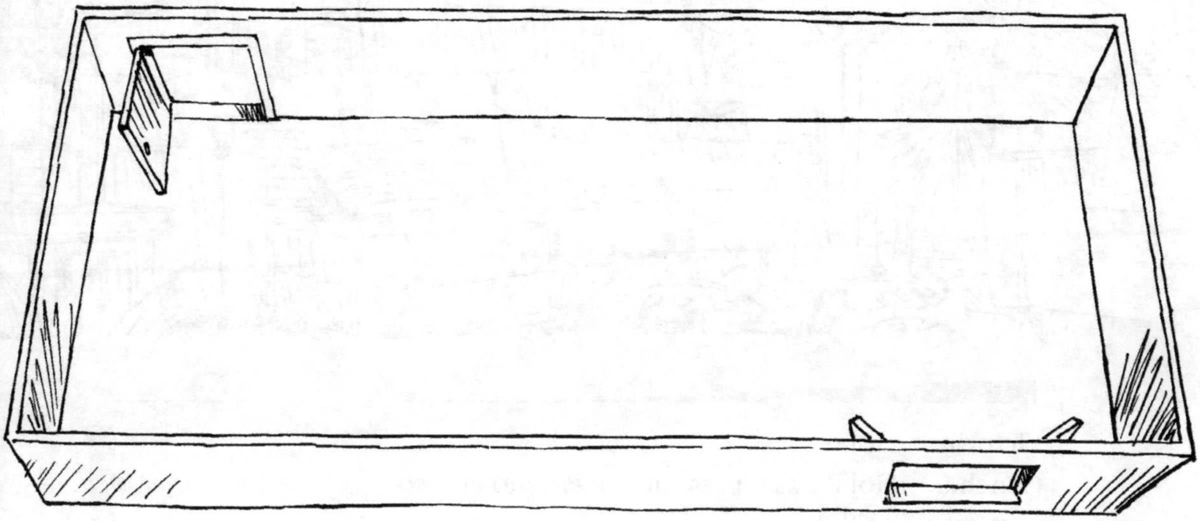

6 **Complete con hay, está o están.**

1. ¿Dónde ___hay___ una panadería, por favor?
2. El cine ________ en la calle General Ricardos.
3. Las oficinas ________ en la tercera planta.
4. Mi abuelo ________ en el salón.
5. En la plaza ________ tres bocas de metro.
6. ¿Dónde ________ mis libros?
7. En la plaza ________ muchos árboles.
8. Tus llaves ________ sobre la mesa.

7 **Conteste personalmente.**

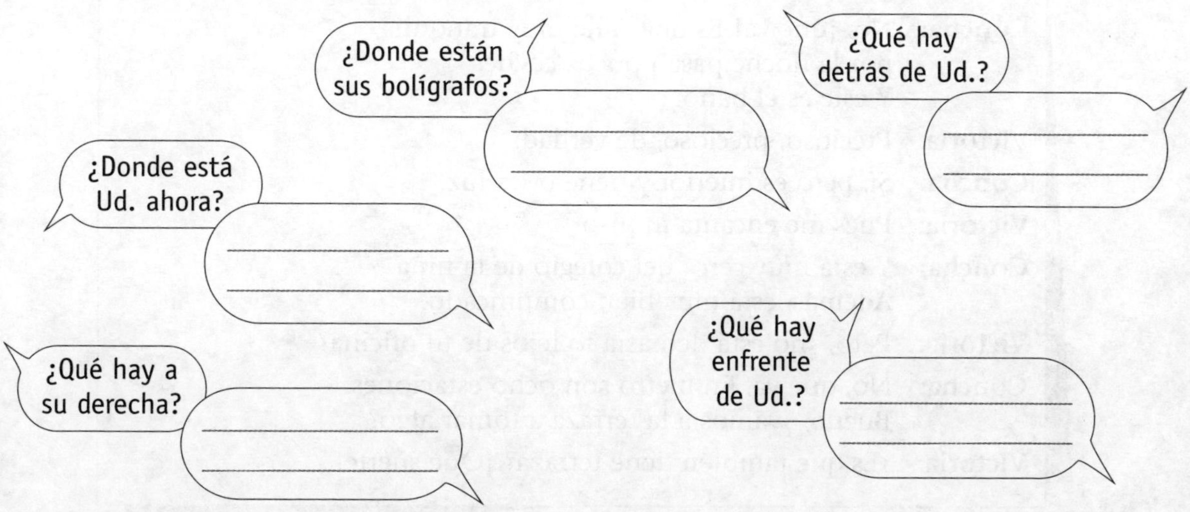

25 EXPRESAR CANTIDAD

ENSEÑANDO EL NUEVO PISO

Victoria: ¡Hola!
Concha: ¡Hola! Pasa, pasa, que te enseño el piso.
El salón.
Victoria: ¡Qué bonito! Me gusta mucho. ¡Tienes muchas plantas!
Concha: Mira… la cocina.
Victoria: ¡Pues es muy bonita, eh!
Concha: Sí, y tiene mucha luz.
La habitación de la niña.
Victoria: ¡Qué grande!
Concha: Sí, en el otro piso era demasiado pequeña.
Ahora tiene mucho espacio para jugar con sus amiguitas.
Mira, nuestra habitación.
Victoria: ¡Qué grande también! Da a la calle, ¿no?
¿No hay demasiado ruido por la noche?
Concha: No, ¡qué va! Es una calle muy tranquila,
por la noche pasan pocos coches.
Y este es el baño.
Victoria: Precioso, precioso, de verdad.
Concha: Sí, pero es interior y tiene poca luz.
Victoria: Pues me encanta tu piso.
Concha: Y está muy cerca del colegio de la niña.
Además, está muy bien comunicado.
Victoria: Pero, ¿no está demasiado lejos de tu oficina?
Concha: No, qué va. En metro son ocho estaciones.
Bueno, ¿vamos a la terraza a tomar algo?
Victoria: ¿Es que también tiene terraza? ¡Qué suerte!

MUY

- muy + adjetivo:
  La cocina es muy bonita.
  La habitación de la niña es muy grande.
- muy + adverbio:
  El piso está muy cerca del colegio.
  Está muy bien comunicado.

DEMASIADO / DEMASIADO(S), DEMASIADA(S)

- verbo + demasiado:
  Victoria no tarda demasiado en llegar al trabajo.
- demasiado + adjetivo:
  La habitación es demasiado pequeña.
- demasiado + adverbio:
  ¿No está demasiado lejos de tu oficina?
- demasiad**o** + nombre masculino singular:
  No hay demasiado ruido por la noche?
- demasiad**os** + nombre masculino plural:
  La calle es tranquila, no pasan demasiados coches.
- demasiad**a** + nombre femenino singular:
  A las nueve y media no hay demasiada gente en el metro.
- demasiad**as** + nombre femenino plural:
  No tardo mucho en llegar al trabajo, no hay demasiadas estaciones de metro.

MUCHO / MUCHO(S), MUCHA(S)

- verbo + mucho:
  A Concha le gusta mucho el piso de su amiga.
  La niña juega mucho en su habitación.
- much**o** + nombre masculino singular:
  En la calle no hay mucho ruido.
- much**os** + nombre masculino plural:
  La niña tiene muchos amigos.
- much**a** + nombre femenino singular:
  El piso tiene mucha luz.
- much**as** + nombre femenino plural:
  Victoria tiene muchas plantas.

POCO(S), POCA(S)

- poc**o** + nombre masculino singular:
  En el otro piso, la niña tenía poco espacio para jugar.
- poc**os** + nombre masculino plural:
  Por la noche pasan pocos coches.
- poc**a** + nombre femenino singular:
  El baño tiene poca luz.
- poc**as** + nombre femenino plural:
  Hay pocas estaciones de metro hasta la oficina.

1 Relacione.

Me encanta esta película.	Es muy tarde.
Hay que coger el coche para ir al cine.	Es muy interesante.
Lo siento, tengo que irme.	Es muy barato.
No voy a comprar el vestido.	Está muy cerca.
Siempre voy a la oficina andando.	Está muy lejos.
El diccionario cuesta siete euros.	Es muy feo.

2 Complete con demasiado, demasiados, demasiada o demasiadas.

1. No me gusta coger el metro, siempre hay **demasiada** gente.
2. José está cansado, últimamente trabaja ________.
3. Hoy Nuria tiene ________ cosas que hacer, no tiene tiempo para llamar a Ramón.
4. He comido ________, ahora me duele el estómago.
5. Hay ________ libros en la estantería, se va a romper.
6. Hoy no vamos a salir, hace ________ frío.
7. He perdido el tren, he llegado ________ tarde a la estación.

3 Complete con mucho, muchos, mucha o muchas.

¿Qué haces los fines de semana? — Leo **mucho**.

¿Es grande tu empresa? — Sí, tiene ________ empleados

¿Quieres un refresco? — Sí, tengo ________ sed.

¿Tu barrio está bien comunicado? — Sí, tiene ________ paradas de autobús.

¿Te gusta el gazpacho? — Sí, me gusta ________.

4 Complete con mucho, muchos, mucha, muchas, poco, pocos, poca, pocas.

1. Pablo tiene siete hermanos. → Pablo tiene **muchos** hermanos.
2. En la estantería hay dos libros. → En la estantería hay ________ libros.
3. Han venido sólo tres personas a la reunión. → Ha venido ________ gente a la reunión.
4. Tengo media hora para comer. → Tengo ________ tiempo para comer.
5. Gerardo trabaja once horas diarias. → Gerardo trabaja ________ horas.
6. En la parada de autobús hay veinte personas. → Hay ________ gente en la parada de autobús.
7. Hoy tengo que redactar cinco informes. → Hoy tengo ________ trabajo.
8. Marisa sólo tiene dos compañeras de trabajo. → Marisa tiene ________ compañeras de trabajo.

5 Relacione.

El AVE es un tren	muy	jugar el tenis.
Hoy hemos trabajado		rápido.
Barcelona es una ciudad		caliente.
Me gustan		bien inglés.
El café está	mucho	simpática.
Julia es		despacio.
Paco es representante, viaja		las novelas policíacas.
Santiago habla		pronto.
A Emilio le gusta	mucho.	grande.
El profesor de inglés habla		
Hoy me he levantado		

6 Complete las conversaciones en la parada de autobús.

muchas demasiado pocas demasiado mucho muy mucho
demasiado muy mucho demasiado demasiada

①

Raquel ¡Hoy tarda **mucho** el autobús!

Antonia Sí, hoy hay ________________ tráfico.

Raquel Hasta mi casa hay ________________ paradas; voy a volver andando, seguro que llego antes.

Antonia Pues yo voy a esperar el autobús, estoy ________________ cansada para volver andando.

Raquel Oye, ¿qué vas a hacer este fin de semana?

Antonia Tengo que terminar un informe.

Raquel Chica... ¡Trabajas ________________!

②

José Mira, hay ________________ gente en la cola.

Javier Sí, y seguro que vamos a tener que esperar ________________. ¿Cogemos un taxi?

José ¡Hay ________________ tráfico! El cine está ________________ lejos. Son las siete y la sesión empieza a las siete y media, vamos a llegar ________________ tarde.

Javier ¿Qué hacemos? Tengo ________________ ganas de ver esa película; todo el mundo dice que es ________________ buena.

José ¿Vamos a la sesión de las nueve y media?

Javier ¡Estupendo!

MENSAJES EN EL CONTESTADOR

Hoy es sábado y son las once de la mañana.
David se acaba de levantar y escucha los mensajes en su contestador.

David:	¿Sí?
La madre:	David, soy mamá.
David:	Hola mamá...
La madre:	¿No has escuchado mis mensajes?
David:	Sí, mamá, sí...

VERBOS REGULARES

	HABLAR	COMER	ESCRIBIR
tú usted nosotros/as vosotros/as ustedes	*habla* *hable* *hablemos* *hablad* *hablen*	*come* *coma* *comamos* *comed* *coman*	*escribe* *escriba* *escribamos* *escribid* *escriban*

☞
- *proteger : proteja, protejamos, protejan*
- *pagar : pague, paguen*
- *buscar : busque, busquen*
- *enviar : envía, envíe, envíen*
- *continuar : continúa, continúe, continúen*

VERBOS IRREGULARES MÁS FRECUENTES

	CERRAR (1)	ENCENDER (2)	PEDIR(3)	CONTAR (4)	VOLVER (5)	JUGAR	DORMIR
tú	*cierra*	*enciende*	*pide*	*cuenta*	*vuelve*	*juega*	*duerme*
usted	*cierre*	*encienda*	*pida*	*cuente*	*vuelva*	*juegue*	*duerma*
nosotros/as	*cerremos*	*encendamos*	*pidamos*	*contemos*	*volvamos*	*juguemos*	*durmamos*
vosotros/as	*cerrad*	*encended*	*pedid*	*contad*	*volved*	*jugad*	*dormid*
ustedes	*cierren*	*enciendan*	*pidan*	*cuenten*	*vuelvan*	*jueguen*	*duerman*

(1) acertar, calentar, comenzar, despertarse, empezar, fregar, merendar, pensar, sentarse...
(2) defender...
(3) corregir, despedirse, elegir, medir, seguir, servir, sonreír, vestirse...
(4) acostarse, acordarse, comprobar, costar, encontrar, probar, recordar, sonar...
(5) devolver, mover, torcer

☞
- *empezar : empieza, empiece, empecemos, empezad, empiecen*
- *fregar : friega, friegue, freguemos, fregad, frieguen*
- *torcer : tuerce, tuerza, torzamos, torced, tuerzan*
- *elegir : elige, elija, elijamos, elegid, elijan*
- *seguir : sigue, siga, sigamos, seguid, sigan*

	DECIR	HACER	IR	PONER	SALIR	VENIR
tú	*di*	*haz*	*ve*	*pon*	*sal*	*ven*
usted	*diga*	*haga*	*vaya*	*ponga*	*salga*	*venga*
nosotros/as	*digamos*	*hagamos*	*vayamos*	*pongamos*	*salgamos*	*vengamos*
vosotros/as	*decid*	*haced*	*id*	*poned*	*salid*	*venid*
ustedes	*digan*	*hagan*	*vayan*	*pongan*	*salgan*	*vengan*

- La forma vosotros/as siempre es regular.

Usos

- Dar instrucciones:
  Sube hasta la plaza de América y tuerce la segunda a la derecha.
- Pedir acciones a otros:
  Si estás en casa, coge el teléfono, por favor.
  Ve a la pastelería y compra unos pastelitos para la abuela.
- Aconsejar:
  Ve en autobús, porque allí no se puede aparcar.

- La forma nosotros/as se usa poco. En su lugar se usa el presente de indicativo.

1 Localice las formas en la cadena de palabras.

PREGUNTACOMPRERESPONDANREPARTECORRANAYUDALAVADBARRERESUMIDESPERADCAMBIEPREGUNTECOMPRAAYUDECORREESPERENCAMBIA

	barrer, tú **barre**
resumir, vosotros ____________	comprar, Ud. ____________
cambiar, tú ____________	cambiar, Ud. ____________
repartir, tú ____________	correr, Uds. ____________
comprar, tú ____________	preguntar, tú ____________
correr, tú ____________	esperar, Uds. ____________
ayudar, tú ____________	preguntar, Ud. ____________
responder, Uds. ____________	ayudar, Ud. ____________
esperar, vosotros ____________	lavar, vosotros ____________

2 Conjugue los verbos en imperativo.

	CALENTAR	DEFENDER	PROBAR	CORREGIR
tú				
usted				
nosotros/as				
vosotros/as				
ustedes				

3 Escriba los infinitivos. Relacione.

digan **DECIR** •
sirva ____________ •
ven ____________ •
salid ____________ •
pongamos ____________ •
vaya ____________ •
haz ____________ •
salgan ____________ •
ve ____________ •
siga ____________ •
jueguen ____________ •
pon ____________ •
elijamos ____________ •
volved ____________ •

• TÚ
• USTED
• NOSOTROS
• VOSOTROS
• USTEDES

(digan — USTEDES)

4 Dar instrucciones.
Ponga los verbos en imperativo (Ud.). Relacione.

Poner **Ponga** aceite en la sartén. •	• Hacer una llamada internacional.
Pulsar ______ la tecla. •	• Un director a su secretaria.
Escribir ______ las palabras en plural. •	• Receta de cocina
Torcer ______ a la derecha. •	• Ejercicio de gimnasia.
Marcar ______ el prefijo del país. •	• Usar un software.
Hacer ______ una copia del informe. •	• Indicar un camino.
Levantar ______ los brazos. •	• Ejercicio de gramática.

5 Pedir acciones y favores.
¿Qué dicen estas personas en estas situaciones? Use la forma tú.

ir hacer poner cerrar comprar recoger enviar apagar

Situación	Bocadillo	Bocadillo	Situación
Dos amigos en casa de uno de ellos. La ventana está abierta y hace frío.	**Cierra** la ventana, por favor.	______ a la panadería y ______ una barra.	Una mujer a su hija. Está preparando la cena y no tiene pan.
Una pareja en su casa. La película va a empezar.	Cariño, ______ la tele, por favor.	______ las fotos a Luis por e-mail.	Dos chicos navegando por Internet.
Una mujer a su hijo. La habitación está muy desordenada.	______ tu habitación.	______ el ordenador y ______ los deberes.	Una mujer a su hijo. Está jugando con el ordenador y no ha hecho los deberes.

6 Consejos para mejorar su español. Ponga los verbos en imperativo (Ud.) y relacione las dos partes de cada frase (escriba los números).

1. de todo lo que aprenda
2. charlas y foros
3. páginas de Internet en castellano
4. canciones en español
5. películas en versión original
6. el sentido de las palabras nuevas
7. con gente hispanohablante
8. periódicos en español en Internet

- Contactar **Contacte** a través de Internet **7**, y entrar ______ en ___.
- Escuchar ______ ___.
- Si va al cine, elegir ______ ___.
- Leer ______ ___ y buscar ______ en el diccionario ___.
- Hacer ______ resúmenes ___.
- Navegar ______ por ___.

IMPERATIVO AFIRMATIVO, uso con pronombres personales

EN LA COCINA

Felipe: Esta noche cocino yo.
Susana: ¡Qué bien! ¿Y qué vas a hacer?
Felipe: Una tortilla.
Susana: Estoy en el salón; si me necesitas, me llamas.
Felipe: No, no… tranquila… Es una receta muy sencilla.
A ver… para hacer una tortilla, pele las patatas, lávelas y córtelas en láminas finas. Luego, pele una cebolla grande…
Fff… ¡Qué difícil!

Veinte minutos después.

Susana: ¿Comemos? Tengo hambre.
Felipe: No, todavía no he terminado.
Susana: ¿Te ayudo?
Felipe: Vale. Toma: las cebollas. Pélalas y pícalas por favor.
Susana: ¡Me encanta pelar cebollas!
Ya está. ¿Algo más?
Felipe: Sí… Coge cuatro huevos y bátelos.
Susana: Ya está. ¿Algo más?
Felipe: Sí, mira, echa un poco de aceite en la sartén y luego guárdalo en el armario.

Quince minutos después.

Susana: ¿Pongo la mesa?
Felipe: Sí, ponla, en dos minutitos está lista la tortilla.
Ahora, siéntate y prueba la tortilla. ¿Qué te parece?
Susana: ¡Pua!
Felipe: ¿Qué pasa?
Susana: Es que… ¡Pruébala!
Felipe: ¡Pua! ¡Está cruda!

Los pronombres personales van después del verbo formando una sola palabra.

IMPERATIVO CON PRONOMBRES REFLEXIVOS TE, SE, NOS, OS, SE

tú	*levántate*
usted	*levántese*
nosotros/as	*levantémonos*
vosotros/as	*levantaos*
ustedes	*levántense*

- *levantemos* + *nos* → *levantémonos*. La s desaparece.
- *levantad* + *os* → *levantaos*. La d desaparece.

➥ Excepción: *id* + *os* → *idos*.

☞ *En los verbos en* ***-IR****, se añade una* ***tilde*** *a la* ***i****.*
dormid + os → dormíos.

IMPERATIVO CON PRONOMBRES COMPLEMENTO DIRECTO LE(S), LO(S), LA(S)

Pon la mesa.	*Ponla.*
Pela las cebollas.	*Pélalas.*
Escucha a Felipe.	*Escúchale.*
Bate los huevos.	*Bátelos.*

La tilde
En las formas **tú**, **usted**, **nosotros**, **vosotros** y **ustedes** de **dos o más sílabas**, hay que poner una **tilde** en la **antepenúltima** sílaba al añadir el pronombre.
siente + se → siéntese
levanta + te → levántate
escuchen el CD → escúchenlo
escribe las cartas → escríbelas

1 Ponga los verbos en imperativo, subraye la antepenúltima sílaba y añada las tildes.

levantarse, tú	→	levan<u>tate</u>	→	levántate
vestirse, usted	→		→	
acostarse, ustedes	→		→	
peinarse, tú	→		→	
acordarse, usted	→		→	
dormirse, tú	→		→	
acercarse, ustedes	→		→	
callarse, tú	→		→	
irse, usted	→		→	
quedarse, tú	→		→	
callarse, ustedes	→		→	
sentarse, ustedes	→		→	

2 Ponga los verbos en imperativo (forma nosotros), según el modelo. No olvide la tilde.

1. quedarse
quedemos + nos
↓
quedémonos

2. levantarse
___
___

3. irse
___
___

4. vestirse
___
___

5. callarse
___
___

6. alejarse
___
___

3 Ponga los verbos en imperativo (forma vosotros), según el modelo. No olvide la tilde.

levantarse	levandad + os	→	levantaos
vestirse		→	
acordarse		→	
quedarse		→	
irse		→	

4 Complete.

escribir una carta
- tú ➤ **escríbela**
- Ud. ➤ ______
- Ntros ➤ ______
- Vtros ➤ ______

comprar los CD
- tú ➤ ______
- Ud. ➤ ______
- Ntros ➤ ______
- Vtros ➤ ______

mirar las fotos
- tú ➤ ______
- Ud. ➤ ______
- Ntros ➤ ______
- Vtros ➤ ______

5 Complete el cuadro.

	TÚ	USTED	USTEDES
invitar a María	**invítala**	**invítela**	**invítenla**
hacer los ejercicios			
mandar el e-mail			
cerrar la puerta			
contar las historias			
servir el postre			
buscar los libros			

6 Relacione y complete con los verbos de la lista en imperativo (forma tú) y con lo, los, la o las. (No olvide las tildes necesarias.)

escuchar escribir comprar poner hacer llamar mandar abrir

- ¿Dónde pongo los libros?
- ¿Hago la comida ahora?
- ¿Qué tal la nueva canción de Ana Torroja?
- ¿Escribo los informes esta tarde?
- ¿Cómo mando las cartas?
- ¿Llamo a Julia al móvil o al fijo?
- ¡Me encantan estos pantalones!
- ¡Hace calor! ¿Puedo abrir la ventana?

- No, ______ ahora.
- ______ al móvil.
- **Ponlos** sobre la mesa.
- Pues ______
- ______ por mensajero.
- No, ______ más tarde.
- Sí claro, ______
- Es fantástica, ______

28 EL PRETÉRITO PERFECTO

¡SORPRESA!

Hoy es el cumpleaños de Fernando. Su hermano Pedro y dos amigas le han preparado una sorpresa en su piso. Pero son las siete y media y Fernando aún no ha vuelto a casa.

Inma: Es Irene con la tarta. Voy yo. Pasa, pasa. ¿Qué has comprado?

Irene: Una tarta de chocolate. ¿Habéis decorado ya el salón?

Inma: Sí, mira, hemos puesto guirnaldas y globos.

Irene: Pues, muy bonito, la verdad.

Media hora más tarde...

Inma: ¿Qué hora es?

Irene: Las siete y media.

Pedro: ¡Qué raro! Fernando siempre llega a casa sobre las siete y cuarto!

Irene: Sí, pero esta semana ha tenido mucho trabajo y a lo mejor se ha quedado en la oficina.

Inma: No, no. Le he visto a las seis y media con Manuel en la parada del autobús.

Pedro: ¿Te ha dicho algo?

Inma: No, es que hoy no he hablado con él.

Pedro: Pues seguro que han ido a cenar por ahí y nosotros aquí, esperando.

Irene: ¡No, hombre! Espero que no! Le he llamado tres veces al móvil y no contesta.

Pedro: ¡Vaya!

Irene: Voy a llamarle otra vez. [...]

Fernando: ¿Sí?

Irene: Hola Fernando, soy Irene.

Fernando: Oye, Irene, ¿te puedo llamar yo en cinco minutos? Es que he ido un momento a la farmacia justo debajo de casa y...

Irene: Sí, sí, por supuesto. Chicos, ya viene Fernando. Pedro, apaga la luz.

Fernando: Uf... He tenido un día horrible. ¡Qué dolor de cabeza!

TODOS: ¡¡¡SOOOR-PREEE-SAAA!!!

HABER (presente de indicativo)		PARTICIPIO
yo	*he*	*hablar* → *hablado*
tú	*has*	*tener* → *tenido*
Ud., él, ella	*ha*	*vivir* → *vivido*
nosotros/as	*hemos*	
vosotros/as	*habéis*	
Uds., ellos, ellas	*han*	

PARTICIPIOS IRREGULARES MÁS FRECUENTES

abrir	***abierto***
decir	***dicho***
escribir	***escrito***
hacer	***hecho***
morir	***muerto***
poner	***puesto***
romper	***roto***
ver	***visto***
volver	***vuelto***
leer	*leído*

- El participio es invariable.
  Hemos visto una película.
- El auxiliar y el participio nunca deben separarse.
  El tren aún no ha llegado.

- Con pronombres:
  pronombre + auxiliar + participio:
  ***Le** he visto a las seis.*
  *A lo mejor **se** ha quedado en la oficina.*
  *¿**Te** ha dicho algo?*
- En la forma negativa:
  no + auxiliar + participio:
  *Fernando aún **no** ha vuelto a casa.*
  *Hoy **no** he hablado con él.*

Usos

➥ El pretérito perfecto se usa con las siguientes referencias temporales.

- Hoy
  Hoy no he hablado con él.
- A las dos, a las tres...
  Le he visto a las seis y media.
- Una vez, dos veces... muchas veces
  Le he llamado tres veces al móvil.
- Esta semana, esta mañana, esta tarde...
- Este fin de semana, este mes, este año...
  Esta semana ha tenido mucho trabajo.
- Aún no, todavía no, ya
  Fernando aún no ha vuelto a casa.

➥ El pretérito perfecto se usa para hablar de acciones recientes.

¿Qué has comprado?
¿Habéis decorado ya el salón?
¿Te ha dicho algo?
He ido un momento a la farmacia.

1 Escriba los participios.

hablar **hablado**	morir ______	volver ______
ver ______	subir ______	decidir ______
esperar ______	decir ______	romper ______
correr ______	poner ______	leer ______
tener ______	entender ______	ir ______

2 Relacione.

He cenado con Raúl. •	• Esta mañana
Hemos estado en la playa. •	• Este invierno
Te has levantado a las siete. •	• Esta noche
Alfonso ha comido con José. •	• Este mediodía
He trabajado nueve horas. •	• Este verano
Has ido a Sierra Nevada a esquiar. •	• Hoy

3 Transforme, según el modelo.

Normalmente...	Pero hoy...
1. Me levanto a las ocho.	• **Me he levantado** a las ocho y media.
2. Manuel va al trabajo en coche.	• ______ al trabajo en autobús.
3. Antonia come con sus compañeras.	• ______ con su jefe.
4. Salgo a las cinco.	• ______ a las seis.
5 Nunca tomo café después de comer.	• ______ dos tazas.
6. Vuelves a casa andando.	• ______ en taxi.
7. Cenamos en casa.	• ______ en un restaurante.
8. Me acuesto a las diez y media.	• ______ a las diez.

4 Termine las frases, según el modelo y con las expresiones de la lista.

trabajar mucho   ir al cine   perder el autobús
dejarme el móvil en casa   ganar la carrera   romperse una pierna

1. Carlos está muy cansado porque **ha trabajado mucho.**
2. Andrés está en el hospital porque ______
3. No te he llamado porque ______
4. El deportista está contento porque ______
5. Hemos llegado tarde porque ______
6. Has vuelto tarde a casa porque ______

5 **Ordene las frases y escriba el texto en pretérito perfecto.**

- [ ] Coger el autobús para ir a la Universidad. ______________________
- [ ] Comprar cava y pasteles. ______________________
- [1] Levantarse. **Hoy, David se ha levantado.**
- [ ] Mirar los resultados de los exámenes. ______________________
- [ ] Desayunar. ______________________
- [ ] Llegar a las diez y media. ______________________
- [ ] Ver su nombre en la lista de los aprobados. ______________________
- [ ] Ir al supermercado. ______________________
- [ ] Invitar a todos sus amigos. ______________________
- [ ] Ponerse muy contento. ______________________

6 **Conteste negativamente, según el modelo.**

¿Ha leído esta novela? — **No, todavía no la he leído**

¿Ha llamado a Lucía? — ______________________

¿Ha comprado el periódico? — ______________________

¿Ha terminado los ejercicios? — ______________________

¿Ha visitado el Prado? — ______________________

7 **Forme frases, según el modelo.**

1. JOSÉ / estar en Jaén / varias veces → **José ha estado varias veces en Jaén.**
2. NOSOTROS / llamar a Nuria / dos veces → ______________________
3. YO / viajar en avión / muchas veces → ______________________
4. TÚ / probar comida china / una vez → ______________________
5. ELLOS / veranear en Marbella / tres veces → ______________________

8 **Complete las frases con los participios más adecuados.**

jugado   regalado   suspendido   mandado/enviado   escuchado   reparado   tomado   pedido

1. Esta mañana hemos **escuchado** las noticias en la radio.
2. Esta tarde los niños han ______________________ al fútbol.
3. A las tres Raúl ha ______________________ un café.
4. A las cinco la secretaria ha ______________________ un e-mail a un cliente.
5. Mis amigos me han ______________________ flores por mi cumpleaños.
6. El mecánico ha ______________________ el coche.
7. Lucas está triste porque ha ______________________ el examen.
8. Los clientes han ______________________ la carta al camarero.

29 EL PRETÉRITO INDEFINIDO, verbos regulares

CONCURSO

Presentador: ¡Buenas noches y bienvenidos a "Historia en directo". Esta noche tenemos a… Félix.

Félix: Bueno… pues me llamo Félix, nací en Toledo en 1976, estudié en la Universidad de Alcalá de Henares. Estoy casado y trabajo en un banco.

Presentador: ¿Vivís en Toledo, tu mujer y tú?

Félix: No, no. Ahora vivimos en Madrid, nos trasladamos el año pasado.

Presentador: Muchas gracias, Félix. Y nuestra segunda concursante de hoy, Elena.

Elena: Soy Elena, estoy soltera y vivo en Santander. Terminé la carrera hace dos años, luego trabajé en Estados Unidos y ahora trabajo en una empresa de exportación.

Presentador: ¿Dónde trabajaste en Estados Unidos?

Elena: En Nueva York.

Presentador: Muchas gracias, Elena, y bienvenida a nuestro programa.

Presentador: Ayer nuestros concursantes ganaron 1.000 euros. Vamos a ver qué hacen hoy Elena y Félix. Primera pregunta: ¿Cuál es el nombre de las tres caravelas que llegaron a América el 12 de octubre de 1492?

Elena: La Pinta, la Niña y la Santa María.

Presentador: ¡Correcto! Segunda pregunta: Nació en Roma, vivió en Portugal y se casó con Sofía de Grecia, ¿quién es?

Félix: El rey don Juan Carlos.

Presentador: ¡Correcto! Tercera pregunta: ¿Quién descubrió la penicilina en 1928?

Félix: Fleming.

Presentador: ¡Correcto! Y vamos con otra pregunta: ¿Cómo se llaman los dos científicos franceses que descubrieron la radiactividad en 1902 y que recibieron el Premio Nobel de Física en 1903?

Elena: Pierre y Marie Curie.

Presentador: ¡Correcto! Ahora, hacemos una pausa para la publicidad y volvemos en unos minutos.

	HABLAR	COMER	ESCRIBIR
yo	*hablé*	*comí*	*escribí*
tú	*hablaste*	*comiste*	*escribiste*
usted, él, ella	*habló*	*comió*	*escribió*
nosotros/as	*hablamos*	*comimos*	*escribimos*
vosotros/as	*hablasteis*	*comisteis*	*escribisteis*
ustedes, ellos, ellas	*hablaron*	*comieron*	*escribieron*

Usos

El pretérito indefinido se usa con las siguientes referencias temporales.

- En + *año / mes / estación*:
  Nací en Toledo en 1976.
  ¿Quién descubrió la penicilina en 1928?
- Ayer, anteayer, anoche...:
  Ayer los concursantes ganaron 1.000 euros.
- El lunes / martes / miércoles... El otro día:
  El lunes, los concursantes contestaron a muchas preguntas.
- Hace un(a) / dos / tres... día(s) / semana(s), mes(es), año(s)...:
  Terminé la carrera hace dos años.
- El año / mes / verano... **pasado**. La semana **pasada**:
  El año pasado, Elena trabajó en Estados Unidos.

☞ *explicar: expliqué, explicaste, explicó...*
(y todos los verbos en -car)
empezar: empecé, empezaste, empezó...
(y todos los verbos en -zar)
pagar: pagué, pagaste, pagó...
(y todos los verbos en -gar)

1 **Coloque las tiras en la sopa de letras y lea, horizontalmente, 12 formas en pretérito indefinido. (Fíjese en los infinitivos.)**

responder comprender comprar comer invitar cubrir
pronunciar participar ganar empezar perder decidir

C	O	M	I	S	T	E	I	S
E								E
C								Í
P								N
I								E
P								É
R								Ó
D								S
P								Ó
C								N
G								S
C								N

E S P O N D I
O M P R E N D
N V I T A S T
A R T I C I P
M P E Z A S T
E C I D I M O
O M I S T E I
E R D I E R O
A N A S T E I
O M P R A R O
R O N U N C I
U B R I E R O

2 **Complete los cuadros.**

	INDICAR	REALIZAR	APAGAR
yo			
tú			
usted, él, ella			
nosotros/as			
vosotros/as			
ustedes, ellos, ellas			

3 **Relacione.**

- Me acosté muy tarde.
- Estuvimos en la Costa Brava.
- Nevó mucho.
- Nació mi hijo.
- Comiste en un restaurante japonés.
- Llegué tarde al trabajo.

- En diciembre.
- El 14 de junio.
- Anoche.
- El sábado.
- Ayer.
- El verano pasado.

4 **Transforme, según el modelo.**

Normalmente...	Pero ayer...
1. Como a las dos y cuarto.	• comí a las tres.
2. Coges el autobús para ir al trabajo.	• ______ el metro.
3. Los niños vuelven del colegio a las cinco.	• ______ a las seis.
4. El tren llega a las diez.	• ______ a las once.

5 **¿Sabe cuándo sucedió?**
Complete con los verbos de la lista en pretérito indefinido y escriba la fecha.

recibir nacer inventar descubrir pisar entrar celebrarse

1969 1992 1986 1895 1492 1979 1452

- Cristóbal Colón **descubrió** América en **1492**.
- El hombre ______________ la Luna por primera vez en ________.
- En ________ los Juegos Olímpicos ______________ en Barcelona.
- Los hermanos Lumière ______________ el cine en ________.
- España ______________ en la Unión Europea en ________.
- Leonardo da Vinci ______________ en ________.
- Madre Teresa de Calcuta ______________ el premio Nobel de la paz en ________.

6 **Conjugue los verbos en pretérito indefinido y clasifíquelos en el cuadro.**

acostarse vosotros
ducharse yo
tomar copas ella
organizar una reunión tú
conocer gente nueva tú
bailar Uds.
escribir un informe yo
hablar con el jefe vosotros
pagar facturas yo
fregar los platos tú
comer pasteles ellos
escuchar música vosotros
levantarse nosotros
recibir a dos clientes nosotros
limpiar la casa él

EN CASA	EN LA OFICINA	EN LA FIESTA DE INMA
os acostasteis		

7 **Complete estos acontecimientos importantes de la vida de Pablo Picasso y relacione las dos partes de cada frase.**

NACER **nació** • • al poeta Guillaume Apollinaire.
En 1904 INSTALARSE ______________ • • el *Guernica*.
En París CONOCER ______________ • • más de 20.000 obras (dibujos, esculturas, grabados, cuadros...)
Durante la Guerra Civil española •
PINTAR ______________ • • en Málaga en 1881.
INVENTAR ______________ • • el cubismo.
En 1963 INAUGURARSE ______________ • • en 1973.
En total, REALIZAR ______________ • • en París.
FALLECER ______________ • • el Museo Picasso de Barcelona.

30 EL PRETÉRITO INDEFINIDO, verbos irrregulares

¿QUÉ TAL EL FIN DE SEMANA?

Natalia:	¿Qué tal el fin de semana, Ernesto?
Ernesto:	El sábado, pues muy tranquilo, estuvimos en Segovia en casa de mis padres. Y el domingo vinieron unos amigos a comer. Por la tarde fuimos todos al parque de atracciones. Los niños quisieron montarse en la montaña rusa y, claro, tuve que montarme con ellos, ¡es horrible! Los niños se divirtieron, pero yo… Bueno, y tú, ¿saliste?
Natalia:	¡No! Yo, ¡el sábado y el domingo… fatal!
Ernesto:	¿Qué te pasó?
Natalia:	Pues el viernes fui al restaurante con unos amigos, no sé qué comí, pero el sábado por la mañana me puse enferma, ¡un dolor de estómago!
Ernesto:	¿No llamaste al médico?
Natalia:	Sí, claro.
Ernesto:	¿Y qué te dijo?
Natalia:	Nada, me dio unas pastillas. Total que no pude salir en todo el fin de semana.
Ernesto:	¡Vaya! ¿Y qué tal estás ahora?
Natalia:	Bien, todavía me duele un poco el estómago, pero bien, bien.
Ernesto:	Y tú Concha, ¿qué hiciste el sábado?
Concha:	Fui al cine con Alberto.
Natalia:	¡Qué película visteis?
Concha:	Una de acción, pero malísima, ¡Alberto se durmió!
Natalia:	¡Pues vaya fin de semana!, ¿eh?
Ángel:	Pues yo me lo pasé fenomenal. Dimos una fiesta en casa por el cincuenta aniversario de boda de mis abuelos.
Concha:	¡Qué bien!, ¿no?
Ángel:	¡Sí, fenomenal!

VERBOS IRREGULARES MÁS FRECUENTES

andar	→	*anduv-*	
estar	→	*estuv-*	e
poder	→	*pud-*	iste
poner	→	*pus-*	o
querer	→	*quis-*	imos
saber	→	*sup-*	isteis
tener	→	*tuv-*	ieron
venir	→	*vin-*	

PEDIR (1)	DORMIR (2)	LEER (3)
pedí	*dormí*	*leí*
pediste	*dormiste*	*leíste*
pidió	*durmió*	*leyó*
pedimos	*dormimos*	*leímos*
pedisteis	*dormisteis*	*leísteis*
pidieron	*durmieron*	*leyeron*

(1) *servir, repetir, preferir...*
(2) *morir*
(3) *creer...*

DAR	DECIR	HACER	IR / SER	OÍR	VER
di	*dije*	*hice*	*fui*	*oí*	*vi*
diste	*dijiste*	*hiciste*	*fuiste*	*oíste*	*viste*
dio	*dijo*	*hizo*	*fue*	*oyó*	*vio*
dimos	*dijimos*	*hicimos*	*fuimos*	*oímos*	*vimos*
disteis	*dijisteis*	*hicisteis*	*fuisteis*	*oísteis*	*visteis*
dieron	*dijeron*	*hicieron*	*fueron*	*oyeron*	*vieron*

1 Complete el crucigrama con las formas en pretérito indefinido.

1. ser, ustedes
2. dar, tú
3. dormir, ella
4. andar, yo
5. querer, ellos
6. estar, usted
7. saber, él
8. servir, usted
9. saber, yo
10. dar, ellas
11. hacer, vosotros
12. leer, ellos
13. ir, yo
14. seguir, ustedes
15. andar, nosotros
16. poner, tú
17. pedir, ellos
18. estar, él
19. ser, vosotros
20. creer, ustedes
21. ir, él
22. pedir, ellos
23. estar, yo
24. venir, vosotros
25. poder, usted
26. dar, nosotros
27. tener, nosotros
28. decir, ella
29. oír, él

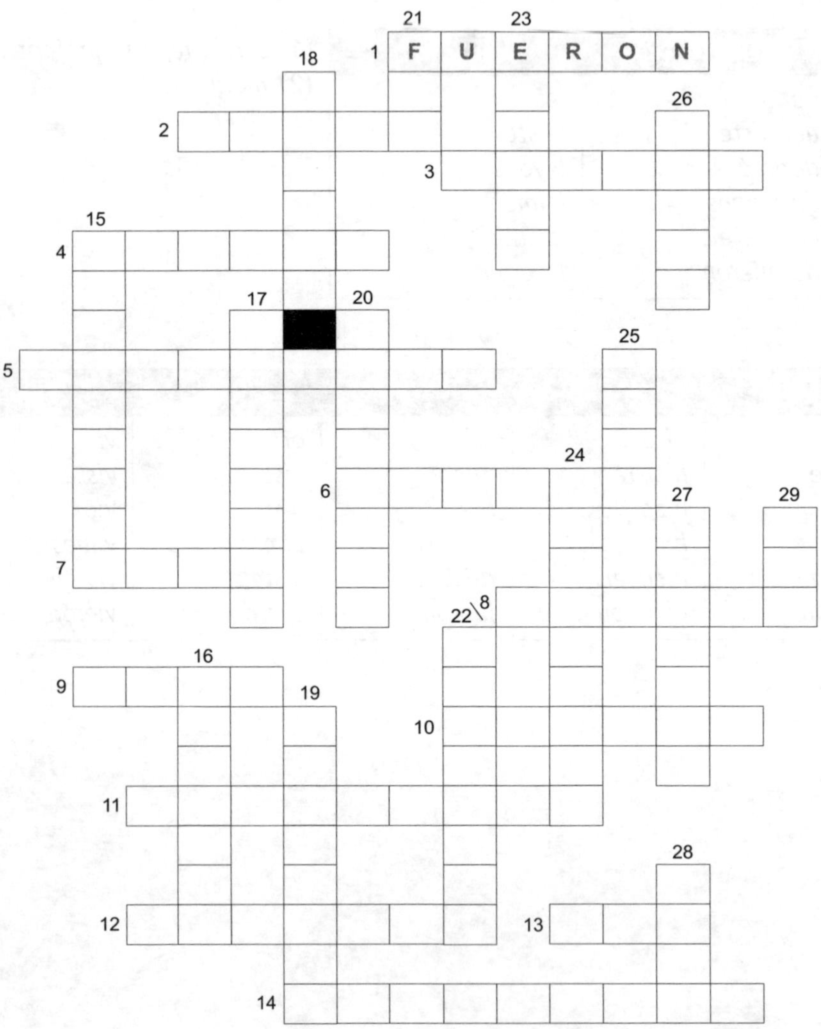

2 Complete los cuadros.

	SEGUIR	ELEGIR	MENTIR
yo	________	________	________
tú	________	________	________
usted, él, ella	________	________	________
nosotros/as	________	________	________
vosotros/as	________	________	________
ustedes, ellos, ellas	________	________	________

3 **Coloree doce formas irregulares. Indique la persona y el infinitivo.**

dipidiómuriódijotuvopusisteisvinimosleyóquisooídisteisvino

Dar, yo ______

______

4 **Transforme, según el modelo.**

Veo ___vi___	Repiten ______
Queréis ______	Das ______
Prefiere ______	Hacéis ______
Lee ______	Tenemos ______
Son ______	Duerme ______
Pueden ______	Pide ______
Viene ______	Oís ______

5 **Ponga los verbos en pretérito indefinido y relacione.**

Anoche VER (nosotros) ___vimos___ •	• la cuenta al camarero.
El lunes ESTAR (yo) ______ •	• refrescos a los clientes.
Los clientes PEDIR ______ •	• los ejercicios.
Ayer nevó e HACER ______ •	• una película muy divertida.
El domingo IR (vosotros) ______ •	• mucho frío.
Los camareros SERVIR ______ •	• en casa de unos amigos.
El profesor CORREGIR ______ •	• a la playa.

6 **Marque (X) al lado de la referencia temporal correcta.**

¿Pretérito perfecto o pretérito indefinido?

1. Fuimos a la fiesta de Antonio.	❒ Este fin de semana	☒ El jueves pasado
2. Has llegado pronto.	❒ Esta mañana	❒ El miércoles
3. He hablado con Carmela.	❒ A las cinco	❒ La semana pasada
4. No pude llamarte.	❒ Esta tarde	❒ Ayer por la tarde
5. ¿Qué hizo usted?	❒ Estas vacaciones	❒ Las vacaciones pasadas
6. Carlos me ha dado los libros.	❒ Hoy	❒ El otro día
7. ¿Leíste el anuncio?	❒ Esta mañana	❒ Ayer
8. Durmieron en un hotel.	❒ Este fin de semana	❒ El sábado pasado

Solucionario

1.1 HOLA. – **1.2 a/b** Goya/3, Banderas/1, Allende/2, Iglesias/6, Buñuel/4, Juan Carlos/5. – **1.3** Hernández, junio, correr, caza, bollo. – **1.4** mesa/6, ventana/5, cortina/2, alfombra/1, silla/4, puerta/3. – **1.5** HONDURAS – **1.6** Salamanca, Caracas, Unquera, Veracruz, Quintana, Arequipa. / Zacatecas, Zaragoza, Cáceres, La Paz, Valencia, Tegucigalpa. / Bogotá, Vigo, Managua, Durango, Málaga. / Jerez, Girona, Cartagena, Gijón, Jaén. – **1.7** Panamá, Alemania, Dinamarca, Brasil, Francia, Argelia, Argelia, Bulgaria, Australia, Letonia, Colombia, Polonia, Grecia, Canadá, Ucrania, Noruega, Hungría, Portugal, Egipto, Italia, Estados Unidos, Irlanda, Argentina, Nicaragua. – **1.8** (Posibles respuestas) contar, contestar, camino, rosa, brazo... / poner, ordenador, volver, negro... / vender, entender, dentro, viento...

2.1 nariz, nacionalidad, español, cantar, Badajoz, escribir, Madrid, Brasil / deporte, joven, amigos, examen, chicos, primavera, biquini, tenis. / música, informática, teléfono, gramática, Atlántico, rápido, último, pájaro. – **2.2** autobús, café, Perú, Canadá, veintitrés, esquí, monopatín. / árbol, azúcar, fútbol, automóvil, difícil, carácter, póster. / sábado, técnica, América, ecológico, sílaba, médico, único, página, plátano, espectáculo, séptimo, próximo, bolígrafo, tónica, máquina, mayúscula. – **2.3** papel, inglés, melocotón, champú, plural, ayer, esperar, Navidad, rotulador. / libro, lápiz, comen, española, González, biblioteca, tijeras, frágil, hablas. / micrófono, líquido, Málaga, Córdoba, simpático, estúpido, kilómetro, México, léxico. – **2.4** (agudas) sofá/3, sillón/1, televisor/7, reloj/8, pared/2 / (llanas) móvil/4, alfombra/9, libros/5 / (esdrújulas) lámpara/6 – **2.5** Bogotá, París, Perú, Ecuador. / Roma, Londres, Túnez, Oslo. / África, Atlántico, México, Trópicos. – **2.6** ganar, imaginar, terminar/ actividad, enfermedad, cantidad/ pegamento, monumento/ cartera, pantera/ climático, simpático, diplomático/ biológico, pedagógico, lógico.

3.1 a. Trabajo en el taller Larrueda. Como en el restaurante Chuletón. Leo el último libro de Cela. Veo la última película de Banderas. ¿Comemos en la cafetería El bocata? – **b.** 1/una 2/Los 3/La 4/una 5/una 6/la 7/el 8/un 9/la 10/la – **3.2** ¿Es usted el señor Romero? / Hola señor Cobos. / La señora Díaz es simpática. / Buenos días señora Varela. / ¿Conoces a la señorita López? / Hasta luego señor Paz. / ¿Dónde está la señora Casado? / ¿Quién es el señor Morales? – **3.3** Son las dos menos cinco. Son las cinco y veinticinco. Son las cuatro y cinco. – **3.4** Vengo del gimnasio, estoy en la librería y voy al bar. Vengo de la panadería, estoy en la calle y voy al instituto. Vengo del parque, estoy en la playa y voy al museo. Vengo de la calle Ríos, estoy en el gimnasio y voy al cine. – **3.5** veintidós de agosto, treinta de octubre, dieciocho de febrero. – **3.6** El miércoles tengo una reunión. El lunes voy a Francia. Los viernes voy al cine. Los jueves juego al tenis. – **3.7** los, la, las, la, al, las, el, un, la, la, la, al, una, las, las, la, al, unas, una, al, el.

4.1 (columna 1) M, F, M, F, M, M, F, F, M, F, F. (columna 2) F, F, M, F, M, M, F, M, M, M, F, M. (columna 3) F, F, M, M, F, F, F, F, M, M, M, M. (columna 4) F, M, F, F, M, F, M, F, M, F, M, M. – **4.2** hombre, coche, nombre, padre, restaurante, puente, elefante, pie, diente, tomate, pasaporte, presente, deporte, chocolate, aceite, bigote, albaricoque. / noche, tele, calle, madre, clase, nieve, leche, tarde, torre, carne, gripe. – **4.3** océano, mar, volcán, montaña, mar, río, volcán, océano, río, mar, montaña. – **4.4** la directora, la campeona, la periodista, la cantante, la panadera, la vendedora, la bailarina, la turista, la adolescente, la amiga, la chavala, la leona, la futbolista, la estudiante. – **4.5** libros, lápices, estuche, bolígrafos, archivadores, sillones, relojes, mesas, pasteles, melones, naranjas, coliflores, pimientos, kiwis, hospitales, colegios, estaciones de metro, parques, hoteles, leones, delfines, tigres, elefantes, cocodrilos. – **4.6** los lunes, los autobuses, los meses, los jueves, los sacapuntas, los países.

5.1 b/8, c/10, d/5, e/3, f/9, g/2, h/1, i/4, j/6. / b/1, c/3, d/4, e/2, f/6. – **5.2** 1/Son, 2/es, 3/es, 4/es, 5/es, 6/es, estamos, 7/está, 8/son, 9/están, 10/estamos, 11/está, está, 12/es, es. – **5.3** Mi camiseta es de licra. Mi camiseta es de algodón. Alicia es una amiga de Juan. Alicia es mi prima. Mis padres son mexicanos. Mis padres son españoles. Hoy estamos a jueves. Hoy estamos a sábado. – **5.4** 2/El bolso es de piel. 3/Julio está sentado. 4/Lola es la prima de Lucas. 5/Hoy es jueves. 6/Félix está soltero. 7/Este libro es para Juan. 8/Jean es de París. 9/El CD está sobre la mesa. 10/ Marta es enfermera. – **5.5** 2/Es Julia Prada. Es una amiga de la universidad. Es mexicana. Es de Oaxaca. Es estudiante. Está casada. 3/ Es Pedro Cubillo. Es un compañero de trabajo. Es peruano, es de Lima. Es contable. Está separado. – **5.6** son, es, es, está, está, Está, es, está.

6.1 5. – **6.2** 58/cincuenta y ocho, 94/noventa y cuatro, 33/treinta y tres, 62/sesenta y dos, 25/veinticinco, 81/ochenta y uno, 43/cuarenta y tres, 79/setenta y nueve. – **6.3** 2/novecientos ocho, 3/cuatrocientos sesenta y seis, 4/quinientos cuarenta y cuatro, 5/doscientos ochenta y siete, 6/seiscientos setenta y tres, 7/setecientos setenta y cinco. – **6.4** (Posibles respuestas) 28/veintiocho, 42/cuarenta y dos, 24/veinticuatro, 824/ochocientos veinticuatro, 482/cuatrocientos ochenta y dos, 842/ochocientos cuarenta y dos, 284/doscientos ochenta y cuatro, 248/doscientos cuarenta y ocho. – **6.5** cuatro mil novecientos tres, ocho mil cuarenta, trece mil setecientos cincuenta y tres, veinticuatro mil seiscientos setenta y uno. – **6.6** cuarenta y dos mis trescientos sesenta y ocho, noventa y un mil seiscientos cuatro, dieciocho mil novecientos setenta y dos, treinta y nueve mil seiscientos cincuenta y siete, setenta y tres mil novecientos veinticinco, cincuenta y siete mil setecientos sesenta y dos. – **6.7** doscientos cuarenta y cuatro mil cien, trescientos un mil doscientos veinticinco, quinientos cuarenta y siete mil, quinientos cuatro mil setecientos ochenta y dos. – **6.8** 2/tercer, 3/cuarta, quinta, 4/octavo, 5/primer

7.1 trabajo, trabajas, trabaja, trabajamos, trabajáis, trabajan/ vendo, vendes, vende, vendemos, vendéis, venden/ vivo, vives, vive, vivimos, vivís, viven/ me levanto, te levantas, se levanta, nos levantamos, os levantáis, se levantan/ protejo, proteges, protege, protegemos, protegéis, protegen/ esquío, esquías, esquía, esquiamos, esquiáis, esquían. – **7.2** se ducha, desayuna, toma, llega, come, trabaja, cena, escucha, lee. – **7.3** Los domingos te levantas tarde. / Los sábados por la noche Juan cena con sus amigos. / Todos los días en el desayuno lee el periódico. / Los martes a las seis practicamos yudo. / En invierno esquían en los Pirineos. / Todos los días tomo el metro para ir al trabajo. – **7.4** El cartero reparte el correo. El mecánico repara coches. El veterinario cura a los animales. La telefonista responde al teléfono. El panadero vende pan. – **7.5** trabajáis, vivimos, toman, llega, protege, abre. – **7.6** tecleas, pulsas / completáis, pagáis / llamas, te tomas. – **7/7** Álex, ¿me ayudas? ¿Compramos una tarta? ¿Abro la ventana? ¿Tomamos un café? ¿Me prestas un euro?

8.1 2/¿Queréis un café? No, queremos un té. 3/¿Quiere paella? No, quiero tortilla. 4/¿Quieres ir al campo? No, quiero ir a la playa. 5/¿Queréis ver la tele? No, queremos ir al cine. – **8.2** 2/ Tienes sed, quieres ir a la cafetería. 3/Tenemos hambre, queremos comer ahora. 4/Tienen calor, quieren ir a la playa. 5/Tiene frío, quiere cerrar la ventana. – **8.3** ¿Puede bajar el volumen de la tele?/¿Puedes poner el aire acondicionado?/¿Podéis poner la mesa?/¿Puede repetir la pregunta? – **8.4** 2/¿Puedo poner este CD? 3/¿Puedo hacer una llamada? 4/¿Puedo ir al baño? 5/¿Puedo abrir la ventana? – **8.5** 2/Quieres, puedo, clase de inglés. 3/Quieres, puedo, con mis padres. 4/Quieres, puedo, he perdido mi raqueta. 5/Quieres, puedo, tengo mucho trabajo. – **8.6** 1/¿Lo puedo coger? 5/Las podéis ver en la tele. 4/Les podemos invitar a cenar. 2/¿Las quieren ver? – **8.7 a./b.** lo quiero ver. – quiero verlo. / te puedes ir. – puedes irte. / se quieren sentar. – quieren sentarse. / nos podéis llamar a las tres. – podéis llamarnos a las tres. / le puedes mandar e-mails. – puedes mandarle e-mails.

9.1 2/pido 3/cierra 4/cuenta 5/defienden 6/entiende 7/corrijo 8/comprobáis 9/queremos 10/sigo 11/sonríen 12/devuelvo 13/juega 14/mido 15/piensa 16/quieres 17/duermo 18/repite 19/recomiendas, 20/cerráis 21/pierde 22/pedimos 23/recuerdo 24/siguen 25/prefieres, 26/volvemos 27/elijo 28/encuentran – **9.2** contar/él, recordar/ellos, probar/tú, volver/él, dormir/ellos, encontrar/él – cerrar/ellos, preferir/yo, merendar/ellos, perder/yo, mentir/ellos, querer/tú, pensar/yo, querer/yo pensar/tú – corregir/yo, repetir/él, elegir/tú, servir/tú, medir/ellos. – **9.3** Quieres – No, prefiero / Caliento – Sí, tengo hambre. / cuestan – Cincuenta euros. / ¿Dónde está la calle Huerta? – Sigues, tuerces. / ¿Te gusta la fiesta? – me divierto / ¿Cuál es el teléfono de Pablo? – me acuerdo. – **9.4** 2/corrige 3/os despertáis 4/sirves 5/encienden – **9.5** Apruebas los exámenes. / Cierro la ventana. / En Galicia llueve mucho en otoño. / ¿Te sirvo más gazpacho? / Juegan al tenis los martes. / No entienden la pregunta. / Los sábados nos acostamos tarde.

10.1 tengo, hago / vienen, dice / salgo, pongo / oyen, voy, sé / veo, conozco / dicen, tiene / va, oigo, vas – tener, hacer, venir, decir, salir, poner, oír, ir, saber, ver, conocer, decir, tener, ir, oír, ir – **10.2** dais, salís, veo, tiene, vienen, sé, hacéis, ponemos, tienes, salgo, oyes, conocéis, dice, van, ve, sabemos, hago, salen – **10.3** ve, conocéis, vienes, dicen, salís, oyes, van, tenemos, sé, da, hago, vienen, oigo – **10.4** Los sábados por la mañana va al gimnasio y hace deporte. Luego, da una vuelta por el parque con su perro. Por la tarde, ve la tele. Por la noche, sale con sus amigos, van al pub Las Cañas porque conoce a todo el mundo. – **10.5** Conozco – Es un amigo de la universidad. / hace – Veo la tele. / Sabes – No, no sé, lo siento. / hacéis – Vamos de copas. / salen – salimos a las seis y media/ pongo – Sobre la mesa. – **10.6** Los domingos salen... / Mis padres ven... / ¿De dónde viene? / ¿Vamos a casa... / Sé hablar... / ¿Cuántos años tienes? / ¿Pongo la tele?

11.1 ver exposiciones, el arte moderno, la música clásica, el baloncesto, la comida española, fregar los platos, el flamenco, viajar en tren, navegar por Internet / los gatos, los deportes, las fresas, los cuadros de Picasso, las verduras, los pantalones de campana, las canciones de Joaquín Sabina. – **11.2** 3/A Juan le encanta la música. 4/A Juan le encanta leer. 5/A mis amigos les gustan las películas de acción. 6/ A mis amigos les gustan los animales. 7/A nosotros no nos gusta el cine. 8/ A nosotros no nos gusta la música. 9/ A nosotros no nos gusta leer. 10/ A nosotros no nos gusta esquiar. 11/ A ti te gusta leer. 12/A ti te gusta esquiar. 13/A ti te gusta el cine. 14/ A ti te gusta la música. 15/A mí me encantan los animales. 16/A mí me encantan las películas de acción. – **11.3** 2/A Alfonso le interesan los deportes. 3/A usted le encanta jugar al tenis. 4/No nos gustan las novelas policíacas. 5/A ti te interesa la literatura. 6/No me gusta nada trabajar los sábados. 7/Me encanta la tortilla de patatas. 8/A mis amigos les gustan los niños. – **11.4** 2/le gusta 3/te gustan 4/le interesan 5/nos gustan 6/les gusta 7/os gustan 8/os encanta 9/me gusta 10/te encanta 11/le interesa 12/les gustan. – **11.5** 2/A mí sí. 3/A mí también. 4/A mí tampoco. – **11.6** 4/No me gusta esta película. 5/Me gusta tu chaqueta. 6/Me encanta tu vestido. 7/No me gustan estos pantalones. 8/Me gusta esta ciudad. 9/Me encantan estos libros. – **12/7** me encanta tomar el sol. / les gustan mucho los animales. / – os interesa la pintura. / le gustan los idiomas.

12.1 2/vas a llamar 3/voy a comer 4/va a visitar 5/vais a ver 6/voy a hacer 7/va a terminar 8/vamos a ir 9/van a salir 10/voy a leer – **12.2** ir, hacer, visitar, invitar, coger, comprar – **12.3** va a tener, va a llamar, va a comer, va a ir, va a salir, va a llegar, va a visitar, va a cenar – **12.4** vas a descansar. / va a llamar al médico. / vamos a ir al cine. / van a comer un bocadillo. / vais a visitar el Prado. – **12.5** 2/Te vas a acostar. 3/Se va a quedar. 4/Nos vamos a bañar. 5/Os vais a acostar. 6/Se van a vestir. 8/Vas a levantarte. 9/Va a peinarse. 10/Vamos a irnos. 11/Vais a aburriros. 12/Van a casarse. – **12.6** Va a ducharse. / Se va a duchar. Va a desayunar. Va a ir al trabajo. Va a comer. Va a trabajar hasta las 17:00. Va a jugar al tenis a las 17:15. Va a ir de copas con sus amigos. Va a volver a casa muy tarde. Va a acostarse. / Se va a acostar. – **12.7** 2/Sí, lo voy a llamar. Sí, voy a llamarlo. 3/Sí, las voy a escribir. Sí, voy a escribirlas. 4/Sí, los voy a enviar. Sí, voy a enviarlos. 6/Sí, le voy a comprar flores. Sí, voy a comprarle flores. 7/Sí, les voy a enviar una postal. Sí, voy a enviarles una postal. 8/Sí, les voy a enseñar mi casa. Sí, voy a enseñarles mi casa.

13.1 siguiendo, viendo, hablando, durmiendo, saliendo, haciendo, poniendo, andando, subiendo, leyendo, riendo, repitiendo, bebiendo – **13.2** estamos viendo / está leyendo / estáis esperando / estoy jugando / estás paseando / están haciendo / está comiendo – **13.3** 2/Está cuidando a un enfermo. 3/Está preparando una reunión. 4/Están visitando un museo. 5/Está corrigiendo los ejercicios. 6/Está atendiendo a un cliente. 7/Está escribiendo un artículo. 8/Está leyendo un informe. – **13.4** La telefonista está contestando al teléfono. / La secretaria está haciendo fotocopias. / Los viajeros están subiendo al tren. / El bebé está durmiendo en su cuna. / Mi abuelo está escuchando la radio. / La clienta está eligiendo un vestido. – **13.5** Te estás duchando. / Fernando está afeitándose. / Nos estamos divirtiendo. / Estáis peinándoos. / Los niños se están acostando. – **13.6** 2/Los estás haciendo. Está haciéndolos. 3/Me están mirando. Están mirándome. 4/Te estamos esperando. Estamos esperándote. 5 /Le está escuchando. Está escuchándole. 6/Las estoy tomando. Estoy tomándolas. 2/Nos está explicando el ejercicio. Está explicándonos el ejercicio. 3/Le estás pidiendo la cuenta. Estás pidiéndole la cuenta. 4/Les está enseñando la casa. Está enseñándole la casa. 5/Me está haciendo una pregunta. Está haciéndome una pregunta. 6/Te estoy sirviendo una cerveza. Estoy sirviéndote una cerveza.

14.1 hay que practicar deporte. / hay que comprar un billete. / hay que leer los anuncios. / hay que llamar a los bomberos. – **14.2** coger un carrito / hacer cola / esperar / llamar al camarero / ponerse el cinturón – **14.3** ahorrar, proteger, usar, plantar / practicar, comer, dormir, beber – **14.4** 3, 2, 8, 4, 5, 7, 6, 1 – **14.5** tienes que ir al supermercado. / tengo que estudiar todo el fin de semana. / tiene que acostarse y dormir. / tenéis que esperar. / tengo que llamar al médico. – **14.6** echar, batir, añadir, mezclar, poner – **14.7** Te tienes que quedar a cenar. / Álex tiene que probarse esta camisa. / Nos tenemos que acostar pronto. / Tenéis que levantaros a las seis. – **14.8** 2/Los tengo que terminar. Tengo que terminarlos. 3/Nos tiene que escuchar. Tiene que escucharnos. 4/Le tengo que mandar un e-mail. Tengo que mandarle un e-mail. 5/Te tiene que pedir un favor. Tiene que pedirte un favor. 6/Os tienen que dar una carta. Tienen que daros una carta.

15.1 Todos los días. 1 / Dos veces por semana. 2 / Cada fin de semana. 3 / Tres veces al mes. 4 / Una vez al mes. 5 / Cada verano. 6 / Casi nunca. 7 / Nunca. 8 – **15.2** Comer: Cuatro veces al día / Desayunar: Una vez al día / Irse de vacaciones: Una vez al año. / No trabajar: Todos los domingos. / Hablar por teléfono: Varias veces al día. – **15.3** Me encanta bailar. / Nos encanta el sushi. / Le gusta nadar. / No tienes coche. / Quiero viajar a Estados Unidos. / Nos encanta el deporte. – **15.4** 2/Viaja al extranjero todos los veranos. 3/Escucha la radio cada mañana. 4/Navegas por Internet de vez en cuando. 5/Viajáis en avión cinco veces al año. 6/Leemos el periódico cada día. – **15.5** 1/Cada mañana. 2/Todos los veranos. 3/Tres veces al mes. 4/Todos los inviernos. 5/Todas las noches. 6/Nunca. – **15.6** Siempre, Todos los días, a menudo, Todos los jueves, Cada fin de semana.

16.1 a. Al lado de la iglesia. / El sábado por la tarde. / Antonio. / Es muy amable. / Sobre la mesa. / En metro. **b.** 2/Cuándo 3/Dónde 4/Cómo 5/Cuándo 6/Cómo – **16.2 a.** 2/¿Por qué no quieres ir al cine con nosotros? 3/¿Con quién vais a ir a Barcelona? 4/¿Qué es el gazpacho? 5/¿Quiénes estudian inglés con usted? **b.** 2/Qué 3/Quién 4/Quién 5/Por qué 6/Qué 7/Quiénes – **16.3** ¿Cuántas personas trabajan aquí? / ¿Cuántos idiomas hablas? / ¿Cuánto dura la película? – **16.4** 2/Cuál 3/cuál 4/cuáles 5/Cuál – **16.5** ¿A qué hora llega Juan? / ¿Dónde está el libro? / ¿Cuántos estudiantes hay en tu clase? / ¿Cómo vas al trabajo? / ¿Cuál es tu número de teléfono? – **16.6** Cuántos, Cuántos, Cuándo, Por qué, Cuál, Qué, Cuándo

17.1 Natalia también es alta. / Julián también es rubio. / Pedro también es bajo. / Carlos también es gracioso. / Marta también es tímida. – **17.2** azul, gris, egoísta, verde, enorme, grande, ideal, joven, deportista, rosa, caliente, interesante, feliz, marrón, eficaz, juvenil, agradable – **17.3** Barcelona es una ciudad grande y bonita. / Mi nuevo coche es rápido y potente. / La nueva profesora es competente pero muy autoritaria. / No me gusta esta novela, es larga y aburrida. – **17.4** alegre; triste, alegre / fácil; difícil, fácil / largo; corta, larga / generoso; egoísta, generosa / frío; caliente, fría / hermoso; fea, hermosa – **17.5** grande, buena, mal, Buena – **17.6** jóvenes, marrones, originales, acogedores, eficaces, amarillas, geniales, amables, espectaculares, divertidas, habladores, naturales, fáciles, grises – **17.7** morenos, jóvenes, inteligentes, fieles, trabajadores – **17.8** Estos libros son interesantes. / En invierno las noches son largas. / Estos ejercicios son fáciles. / Las nuevas empleadas son trabajadoras. / Los muebles de mi casa son modernos.

18. a. estado anímico, estar / descripción de una cosa, ser / estado (cosa o lugar), estar / rasgos del carácter, ser / estado físico, estar / descripción de un lugar o de una cosa, ser / estado (cosa o lugar), estar – **b.** Alberto está enfadado. / La falda es larga. / La casa es grande. / Pepe y Luis son antipáticos. / La tele está estropeada. / Beatriz está enferma. / El reproductor de CD está roto. – **18.2** Tus pantalones son anchos. / Las botellas están vacías. / Raúl es generoso. / La película es aburrida. Paco es alto. / Estás tranquila. / Este hombre es rico. / El pollo asado está malo. / Los vasos están limpios. – **18.3** b. es/3 c. está/1 d. está/4 e. es/6 f. está/7 g. están/2 h. es/8 – **18.4** María Robles es alta y rubia. Es sociable. Hoy está enferma. / Ernesto González es alto y castaño. Es optimista. Hoy está enfadado. – **18.5** 2/están verdes 3/ estoy lista 4/ Es verde. 5/ Está muy rica. 6/ es buena 7/ es muy mala 8/ estás atento – **18.6** Noelia es alta, delgada y morena. Está enfadada. Los pantalones de Noelia son anchos. La camiseta de Noelia es ceñida. Rubén es alto y delgado. Es rubio. Está contento. La ventana está abierta. La mesa es rectangular y pequeña. La paella está muy rica. La sopa está caliente. El pollo está quemado. El tostador está roto. El gato es cariñoso. La botella de agua está llena.

19.1 a. 2/menos larga que 3/más anchos que 4/tan caros como 5/más corto que 6/tan barato como – **b.** 2/ligero 3/interesante 4/alto 5/antiguo 6/contaminado – **19.2** Clara trabaja más horas que Luis. / Clara tiene menos hermanas que Luis. / Clara tiene tanto trabajo como Luis. / Clara tiene tantas amigas como Luis. – **19.3** 2/menos ... que 3/tan ... como 4/más ... que 5/más ... que – **19.4** 2/más grande que 3/tan lejos del centro 4/menos dinero que 5/tantas horas como 6/más tarde que 7/menos vacaciones que – **19.5** 2/ más ... que 3/ más ... que 4/ menos ... que 5/ menos ... que

20.1 mis perros, mis gafas, mi casa / tu piso, tu goma, tus libros, tus amigas / sus tarjetas, su bici, su gato, sus zapatos / nuestro padre, nuestra ciudad, nuestros primos, nuestras hermanas / vuestras amigas, vuestro instituto, vuestros perros, vuestra madre / sus compañeras, su academia, su profesor, sus amigos. – **20.2** tu, tus, tus, tus, nuestra, nuestro, nuestros, tu, mi, tus, mis – **20.3** 2/Nuestros profesores son muy simpáticos. 3/Su casa es muy grande. 4/Tu chaqueta es muy elegante. 5/Vuestros amigos son muy graciosos. 6/Mis compañeras de piso son estupendas. 7/Su piso es muy moderno. – **20.4** Son mías. / Es tuyo. / Es suyo. / Son suyos. / Son nuestros. / Es vuestro. / Es suyo. – **20.5** los míos, los suyos, los nuestros, los suyos / el mío, el suyo, el nuestro, el suyo – **20.6** 2/suyos, los míos 3/tuyas, las mías 4/vuestros, los nuestros 5/vuestro, el nuestro 6/suya, la mía 7/suyo, el mío 8/tuya, la mía

21.1 estos, estas, este / esas, ese, esa, esos / aquel, aquellas, aquellos, aquella – **21.2** allí, aquí, ahí, ahí, allí / aquí, ahí, allí, aquí, aquí – **21.3** 2/Aquella mujer es mi tía. Aquellas mujeres son mis tías. 3/Esa señora es la directora. Esas señoras son las directoras. 4/Aquella dependienta es amable. Aquellas dependientas son amables. 5/Esta actriz es joven. Estas actrices son jóvenes. 6/Esa estudiante es habladora. Esas estudiantes son habladoras. 7/Esta alumna es inteligente. Estas alumnas son inteligentes. – **21.4** aquellos chicos / aquella tienda / esos zapatos / este vestido / este ejercicio / estas gafas / esta tarjeta – **21.5** Esta no me gusta nada. / Estas son desagradables. / Estos son muy aburridos./ Aquella es la secretaria. / Esos son de José. – **21.6** 2/Este es Arturo y esos son Marcos y Julián. 3/Estas son María y Luisa y aquellos son Raúl y Pablo. 4/Esos son mis hermanos y aquellas son mis vecinas. 5/Este es mi primo y aquella es mi madre. 6/Estos son mis abuelos y estas son mis tías. – **21.7** 2/Esa no me gusta, prefiero aquella. 3/Esta no me gusta, prefiero esa. 4/Aquellas no me gustan, prefiero estas. 5/Esos no me gustan, prefiero aquellos. 6/Esas no me gustan, prefiero estas. 7/Esos no me gustan, prefiero estos. – **21.8** ¿Qué es eso? / ¡Mira aquello! / ¿De quién es esto?

22.1 Me, Te, Te, Lo/Le, Lo/Le, La, la, Nos, nos, Os, Os, Los/Les, Los/Les, Las, Las. – **22.2** Sí, la he visto esta tarde. / Sí, ya los hemos terminado. / Las escucho por la mañana. / Lo cojo en la calle Goya. / La compro en el mercado. – **22.3** 2/Los pongo en la estantería. 3/Los llamo los domingos. 4/Te invito el sábado. 5/La compro en el quiosco. – **22.4** 2/Lo escucha. 3/La ve. 4/Las vende. 5/Los hacen. 6/Lo beben. 7/Lo escribe. 8/La compra. – **22.5** Te mando un e-mail. / Le mando un e-mail. / Le mando un e-mail. / Nos mandas un e-mail. / Os mando un e-mail. / Les mando un e-mail. / Les mando un e-mail. – **22.6** Te ha enseñado su casa. Te ha presentado a sus amigos. / Las ha invitado a su fiesta. Les ha enseñado su casa. Les ha presentado a sus amigos. / Nos ha invitado a su fiesta. Nos ha enseñado su casa. Nos ha presentado a sus amigos. – **22.7** ¿le regalamos un libro? / siempre les llevo flores. / ¿te compro unos sellos? / ¿nos pone dos cervezas? / os da el resultado del examen. – **22.8** 2/Sí, lo/le he llamado y le he pedido el menú. 3/Sí, los/les he llamado y les he explicado cómo venir. 4/No, no las he visto, pero les he mandado un e-mail. 5/Sí, le he escrito y le he contado mis vacaciones.

23.1 No escucha música clásica. / No va al cine los domingos. / No lee novelas de acción. / No le gusta la playa. / No sabe cocinar. – **23.2** No, Ángel no vive en Toledo. / No, Olga no es española. / No, no está lloviendo. / No, no hace frío. – **23.3** Nunca salimos los domingos. / No tomo nunca café. / Nunca has estado en Segovia. / Eva no se levanta nunca antes de las siete. / Pedro nunca ha viajado en AVE. – **23.4** 2/No navega nunca 3/Nunca coge 4/No invita nunca 5 / Nunca juega 6 / no llueve nunca – **23.5** Félix no ha hecho nada. / No he oído nada. / No necesito nada. / Elena no ha comprado nada. /No quiero comer nada. / No hago nada. – **23.6** **a.** ¿Alguien te ha visto? – 3/¿Quién quiere ir al cine? – 2/¿Ha venido alguien esta tarde? – 6/¿Quién ha hablado con Patricia? – 5/¿Alguien ha escuchado el CD? – 1 – **b.** 1/No, nadie ha escuchado el CD. 2/No, nadie quiere ir. 3/No, nadie me ha visto. 5/Nadie ha hablado con ella. 6/No, nadie ha venido. – **23.7** nada, Nunca, no, nada, no, no, No, nadie, no, nadie, no, nada

24.1 2/entre el estuche y la goma 3/delante del estuche 4/a la izquierda del estuche 5/enfrente del estuche 6/a la derecha del estuche 7/dentro del estuche 8/junto al estuche 9/contra el estuche 10/encima del estuche, sobre el estuche – **24.2** Está delante de la pizarra./ Está debajo del escritorio. / Está detrás de la casa. / ¿Dónde está la panadería? – Está enfrente de la farmacia. / Está sobre la mesa. – **24.3** 2/La lámpara está sobre la mesilla. 3/El patio está detrás de la casa. 4/La ropa está dentro del armario. 5/ La alfombra está debajo del sofá. 6/ La cocina está enfrente del comedor. 7/La librería está entre el estanco y correos. – **24.4** 2/En el centro comercial hay muchas tiendas. 3/Sobre el estante hay cinco libros. 4/En Madrid hay museos y galerías de arte. 5/En el aula hay mesas, sillas y una pizarra. – **24.6** 2/está 3/están 4/está 5/hay 6/están 7/hay 8/están

25.1 Está muy lejos. / Es muy tarde. / Es muy feo. / Está muy cerca. / Es muy barato. – **25.2** 2/demasiado 3/demasiadas 4/demasiado 5/demasiados 6/demasiado 7/demasiado – **25.3** Sí, tiene muchos empleados. / Sí, tiene muchas paradas de metro. / Sí, me gusta mucho. / Sí, tengo mucha sed. – **25.4** 2/pocos 3/poca 4/poco 5/muchas 6/mucha 7/mucho 8/pocas – **25.5** Hoy hemos trabajado mucho. / Barcelona es una ciudad muy grande. / Me gustan mucho las novelas policíacas. / El café está muy caliente. / Julia es muy simpática. / Paco es representante, viaja mucho. / Santiago habla muy bien inglés. / A Emilio le gusta mucho jugar al tenis. / El profesor de inglés habla muy despacio. / Hoy me he levantado muy pronto. – **25.6** 1/mucho, pocas, muy, demasiado 2/ demasiada, mucho, demasiado, demasiado, demasiado, muchas, muy

26.1 resumamos, cambia, reparte, compra, corre, ayuda, respondan, esperad, compre, cambie, corran, pregunta, esperen, pregunte, ayude, lavad. – **26.2** calienta, caliente, calentemos, calentad, calienten / defiende, defienda, defendamos, defended, defiendan / prueba, pruebe, probemos, probad, prueben / corrige, corrija, corrijamos, corregid, corrijan – **26.3** servir/usted, venir/tú / salir/vosotros, poner/nosotros, ir/usted, hacer/tú, salir/ustedes, ir/tú, seguir/usted, jugar/ustedes, poner/tú, elegir/nosotros, volver/vosotros – **26.4** Pulse – Usar un software. / Escriba – Ejercicio de gramática. / Tuerza – Indicar un camino. / Marque – Hacer una llamada internacional. / Haga – Un director a su secretaria. / Levante – Ejercicio de gimnasia – **26.5** pon / Recoge / Ve, compra / Envía / Apaga, haz – **26.6** entre, 2 / Escuche, 4 / elija, 5 / Lea, 8 / busque, 6 / Haga, 3 / Navegue, 3

27.1 vistase → vístase, acuestense → acuéstense, peinate → péinate, acuerdese → acuérdese, duermete → duérmete, acerquense → acérquense, callate → cállate, vayase → váyase, quedate → quédate, callense → cállense, sientesen → siéntense – **27.2** 2/levantemos + nos → levantémonos 3/vayamos + nos → vayámonos 4/vistamos + nos → vistámonos 5/callemos + nos → callémonos 6/alejemos + nos → alejémonos – **27.3** vestid + os → vestíos / acordad + os → acordaos / quedad + os → quedaos / id + os → idos – **27.4** escríbala, escribámoslas, escribidla / cómpralos, cómprelos, comprémoslos, compradlos / míralas, mírelas, mirémoslas, miradlas – **27.5** hazlos, hágalos, háganlos / mándalo, mándelo, mándenlo / ciérrale, ciérrela, ciérrenla / cuéntalas, cuéntelas, cuéntenlas / sírvelo, sírvalo, sírvanlo / búscalos, búsquelos, búsquenlos – **27.6** No, hazla más tarde. / Es fantástica, escúchala. / No, escríbelos ahora. / Mándalas por mensajero. / Llámala al móvil. / Pues cómpralos. / Sí claro, ábrela.

28.1 visto, esperado, corrido, tenido, muerto, subido, dicho, puesto, entendido, vuelto, decidido, roto, leído, ido – **28.2** Este verano. / Esta mañana. / Este mediodía. / Hoy. / Este invierno. – **28.3** 2/Manuel ha ido 3/Antonia ha comido 4/He salido 5/He tomado 6/Has vuelto 7/Hemos cenado 8/Me he acostado – **28.4** 2/se ha roto una pierna. 3/me he dejado el móvil en casa. 4/ha ganado la carrera. 5/hemos perdido el autobús. 6/has ido al cine. – **28.5** 3, Ha cogido / 9, Ha comprado / 5, Ha mirado / 2, Ha desayunado / 4, Ha llegado / 6, Ha visto / 8, Ha ido / 10, Ha invitado / 7, Se ha puesto – **28.6** No, todavía no la he llamado. / No, todavía no lo he comprado./ No, todavía no le he visitado. / No, todavía no los he terminado. – **28.7** 2/Hemos llamado a Nuria dos veces. 3/He viajado en avión muchas veces. 4/Has probado comida chica una vez. 5/Han veraneado en Marbella tres veces. – **28.8** – 2/jugado 3/tomado 4/mandado/enviado 5/regalado 6/reparado 7/suspendido 8/pedido

29.1 empezaste, comprendí, perdieron, invitaste, pronuncié, respondió, decidimos, participó, compraron, ganasteis, cubrieron. – **29.2** indiqué, indicaste, indicó, indicamos, indicasteis, indicaron / realicé, realizaste, realizó, realizamos, realizasteis, realizaron / apagué, apagaste, apagó, apagamos, apagasteis, apagaron – **29.3** El verano pasado. / En diciembre. / El 14 de junio. / El sábado. / Ayer. – **29.4** 2/cogiste 3/volvieron 4/llegó – **29.5** pisó, 1969 / 1992, se celebraron / inventaron, 1895 / entró, 1986 / nació, 1452 / recibió, 1979 – **29.6** En casa: me duché, fregaste los platos, nos levantamos, limpió la casa / En la oficina: organizaste una reunión, escribí un informe, hablasteis con el jefe, pagué las facturas, recibimos a dos clientes / En la fiesta de Inma: tomó copas, conociste gente nueva, bailaron, comieron pasteles – **29.7** se instaló en París. / conoció al poeta Guillaume Apollinaire. / pintó el *Guernica*. / Inventó el cubismo. / se inauguró el Museo Picasso de Barcelona. / realizó más de 20.000 obras. / Falleció en 1973.

30.1 2/diste 3/durmió 4/anduve 5/quisieron 6/estuvo 7/supo 8/sirvió 9/supe 10/dieron 11/hicisteis 12/leyeron 13/fui 14/siguieron 15/anduvimos 16/pusiste 17/pidieron 18/estuvo 19/fuisteis 20/creyeron 21/fue 22/pidieron 23/estuve 24/vinisteis 25/pudo 26/dimos, 27/tuvimos 28/dijo 29/oyó – **30.2** seguí, seguiste, siguió, seguimos, seguisteis, siguieron / elegí, elegiste, eligió, elegimos, elegisteis, eligieron / mentí, mentiste, mintió, mentimos, mentisteis, mintieron – **30.3** pidió: pedir, él / murió: morir, él / dijo: decir, él / tuvo: tener, él / pusisteis: poner, vosotros / vinimos: venir, nosotros / leyó: leer, él / quiso: querer, él / oí: oír, yo / disteis: dar, vosotros / vino: venir, él – **30.4** vi, quisisteis, prefirió, leyó, fueron, pudieron, vino, repitieron, diste, hicisteis, tuvimos, durmió, pidió, oísteis. – **30.5** estuve en casa de unos amigos. / pidieron la cuenta al camarero. / hizo mucho frío. / fuisteis a la playa. / sirvieron refrescos a los clientes. / corrigió los ejercicios. en casa de unos amigos. – **30.6** 2/Esta mañana 3/A las cinco 4/Ayer por la tarde 5/Las vacaciones pasadas 6/Hoy 7/Ayer 8/El sábado pasado

